일 본 어 능 력 시 험

딱!
한 권

JLPT
N1 문법

저자 JLPT연구모임

일 본 어 능 력 시 험

JLPT
N1 문법

초판인쇄	2021년 6월 2일
초판발행	2021년 6월 12일
저자	JLPT연구모임
책임 편집	조은형, 무라야마 토시오, 박현숙, 손영은, 김성은
펴낸이	엄태상
해설진	송규원, 이효세, 황지영
디자인	권진희
조판	이서영
콘텐츠 제작	김선웅, 김현이
마케팅	이승욱, 전한나, 왕성석, 노원준, 조인선, 조성민
경영기획	마정인, 조성근, 최성훈, 정다운, 김다미, 오희연
물류	정종진, 윤덕현, 양희은, 신승진
펴낸곳	시사일본어사(시사북스)
주소	서울시 종로구 자하문로 300 시사빌딩
주문 및 교재 문의	1588-1582
팩스	0502-989-9592
홈페이지	www.sisabooks.com
이메일	book_japanese@sisadream.com
등록일자	1977년 12월 24일
등록번호	제 300-1977-31호

ISBN 978-89-402-9314-0 (13730)

　일본어능력시험은 N4와 N5에서는 주로 교실 내에서 배우는 기본적인 일본어를 어느 정도 이해할 수 있는 레벨인가를 측정하며, N1과 N2에서는 폭넓은 분야에서 일본어를 어느 정도 이해할 수 있는지, N3는 N1, N2와 N4, N5의 가교 역할을 하며 일상적인 장면에서 사용되는 일본어의 이해를 측정합니다. 일본어능력시험 레벨 인정의 목표는 '읽기', '듣기'와 같은 언어행동의 표현입니다. 언어행동을 표현하기 위해서는 문자·어휘·문법 등의 언어지식도 필요합니다. 즉, 어휘나 한자, 문법 항목의 무조건적인 암기가 아니라, 어휘나 한자, 문법 항목을 커뮤니케이션 수단으로서 실제로 활용할 수 있는가를 측정하는 것이 목표입니다.

　본 교재는 新일본어능력시험 개정안에 따라 2010년부터 최근까지 새롭게 출제된 기출문제를 철저히 분석하여, 일본어 능력시험 초심자를 위한 상세한 설명과 다량의 확인문제를 수록하고, 중·고급 학습자들을 위해 난이도 있는 실전문제를 다루었습니다. 또한 혼자서도 충분히 합격할 수 있도록, 상세한 해설을 첨부하였습니다. 시중에 일본어능력시험 수험서는 많이 있지만, 학습자들이 원하는 부분을 콕 집어 효율적인 학습을 할 수 있는 교재는 그다지 많지 않습니다.

　이러한 점을 고려하여 본 JLPT연구모임에서는 수년간의 분석을 통해 적중률과 난이도를 연구하여, 일본어능력시험을 준비하는 학습자가 이 책 한 권이면 충분하다고 느낄 정도의 내용과 문제를 실었습니다. 한 문제 한 문제 꼼꼼하게 풀어 보시고, 일본어능력시험에 꼭 합격하시기를 진심으로 기원합니다.

JLPT연구모임

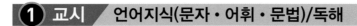

학습방법

1 교시 언어지식(문자·어휘·문법)/독해

문자·어휘

출제 빈도순 어휘 ➡ 기출어휘 ➡ 확인문제 ➡ 실전문제

問題 1 한자읽기, 問題 2 문맥규정, 問題 3 유의표현, 問題 4 용법 등 문제 유형별 출제 빈도순으로 1순위부터 3순위까지 정리하여 어휘를 제시한다. 가장 많이 출제되고 있는 する동사부터 명사, 동사, 형용사, 부사순으로 어휘를 학습한 후, 확인문제를 풀어 보면서 확인하고, 확인문제를 학습 후에는 실전문제를 풀면서 총정리를 한다. 각 유형별로 제시한 어휘에는 최근 출제되었던 단어를 표기해 놓았다.

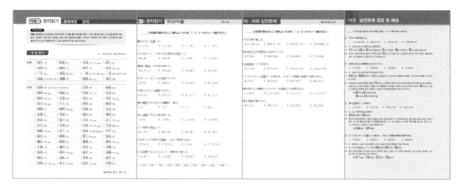

문법

필수문법 ➡ 필수경어 ➡ 기초문법 ➡ 확인문제 ➡ 실전문제

N1 필수문법과 경어를 학습하고 확인문제를 차근차근 풀며 체크할 수 있도록 다량의 문제를 실어 놓았으며, 처음 시작하는 초보자를 위해 시험에 자주 등장하는 N2 문법을 수록해 놓았다. 확인문제까지 학습한 뒤에는 난이도 있는 실전문제를 풀며 실전에 대비할 수 있도록 했다.

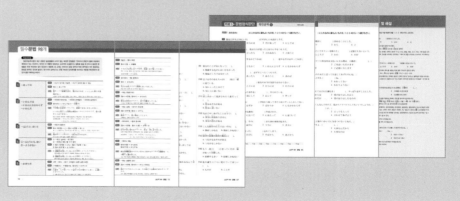

독해

독해의 비결 ➡ 영역별 확인문제 ➡ 실전문제

이제 더 이상 문자·어휘·문법에만 집중해서는 안 된다. 과목별 과락이라는 제도가 생기면서, 독해와 청해의 비중이 높아졌기 때문에 모든 영역을 균형있게 학습해야 한다. 본 교재에서는 독해의 비결을 통해, 글을 분석할 수 있는 노하우를 담았다. 문제만 많이 푼다고 해서 점수가 잘 나오는 것이 아니므로, 원리를 잘 파악해 보자.

❷ 교시   청해

청해의 비결 ➡ 영역별 확인문제 ➡ 실전문제

독해와 함께 청해의 비중이 높아졌으며, 커뮤니케이션이 중시되었기 때문에 단어 하나하나의 의미를 꼼꼼히 듣는 방법보다는 상담·준비·설명·소개·코멘트·의뢰·허가 등 어떤 주제로 회화가 이루어지는지, 또한 칭찬·격려·질책·변명·걱정 등 어떤 장면인지 잘 파악해야 한다.

◆ ▸ 실전모의테스트 3회분 (영역별 2회분 + 온라인 종합 1회분)

질로 승부한다!

JLPT연구모임에서는 몇 년 동안 완벽한 분석을 통해 적중률과 난이도를 조정하여, 실전모의테스트를 제작하였다. 혼자서도 공부할 수 있도록 자세한 해설을 수록해 놓았다.

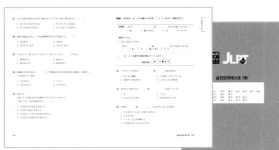

◆ ▸ 무료 동영상 해설 강의

1타 강사들의 명쾌한 실전모의테스트 해설 특강!!

언제 어디서나 꼼꼼하게 능력시험을 대비할 수 있도록 동영상 강의를 제작하였다. 질 좋은 문제와 명쾌한 해설로 실전에 대비하길 바란다.

차례

❶ 시험과목과 시험시간

레벨	시험과목 (시험시간)		
N1	언어지식 (문자・어휘・문법)・독해 (110분)		청해 (60분)
N2	언어지식 (문자・어휘・문법)・독해 (105분)		청해 (50분)
N3	언어지식 (문자・어휘) (30분)	언어지식 (문법)・독해 (70분)	청해 (45분)
N4	언어지식 (문자・어휘) (25분)	언어지식 (문법)・독해 (55분)	청해 (40분)
N5	언어지식 (문자・어휘) (20분)	언어지식 (문법)・독해 (40분)	청해 (35분)

❷ 시험점수

레벨	배점구분	득점범위
N1	언어지식(문자・어휘・문법)	0~60
	독해	0~60
	청해	0~60
	종합배점	0~180
N2	언어지식(문자・어휘・문법)	0~60
	독해	0~60
	청해	0~60
	종합배점	0~180
N3	언어지식(문자・어휘・문법)	0~60
	독해	0~60
	청해	0~60
	종합배점	0~180
N4	언어지식(문자・어휘・문법)・독해	0~120
	청해	0~60
	종합배점	0~180
N5	언어지식(문자・어휘・문법)・독해	0~120
	청해	0~60
	종합배점	0~180

❸ 합격점과 합격 기준점

레벨별 합격점은 N1 100점, N2 90점, N3 95점이며, 과목별 합격 기준점은 각 19점입니다.

④ 문제유형

Ⅰ. 언어지식(문자·어휘·문법) Ⅱ. 독해 Ⅲ. 청해

시험과목		큰 문제	예상 문항 수	문제 내용	적정 예상 풀이 시간	파트별 소요 예상 시간	대책
언어 지식 · 독해 (110분)	문자 · 어휘	문제 1	6	한자읽기 문제	1분	문자·어휘 8분	총 110분 중에서 문제 푸는 시간은 93분 정도 걸린다고 보고, 마킹에 7분 정도, 나머지 10분 동안 최종 점검하면 된다. 기존 시험보다 문제 수가 대폭 축소된 문자/어휘 문제를 빨리 끝내고, 새로워진 문법 문제에 당황하지 말고 여유를 가지고 예제 문제를 확실하게 이해하고 문제풀이를 하면 새로운 문제에 바로 적응할 수 있을 것이다. 독해 문제도 마찬가지다. 종합이해, 정보검색 등 새로워진 문제가 있지만, 시간에 쫓기지 말고 침착하게 문제를 풀어나간다면 좋은 결과를 얻을 수 있을 것이다.
		문제 2	7	문맥에 맞는 적절한 어휘를 고르는 문제	2분		
		문제 3	6	주어진 어휘와 비슷한 의미의 어휘를 찾는 문제	2분		
		문제 4	6	제시된 어휘의 의미가 올바르게 쓰였는지를 묻는 문제	5분		
	문법	문제 5	10	문장의 내용에 맞는 문형표현 즉 기능어를 찾아서 넣는 문제	5분	문법 15분	
		문제 6	5	나열된 단어를 의미에 맞게 조합하는 문제	5분		
		문제 7	5	글의 흐름에 맞는 문법 찾아내기 문제	5분		
	독해	문제 8	4	단문(200자 정도) 이해	10분	독해 70분	
		문제 9	9	중문(500자 정도) 이해	15분		
		문제 10	4	장문(1000자 정도) 이해	10분		
		문제 11	2	같은 주제의 두 가지 이상의 글을 읽고 비교통합 이해	10분		
		문제 12	4	장문(1000자 정도의 논평 등) 이해	15분		
		문제 13	2	700자 정도의 글 읽고 필요한 정보 찾기	10분		
청해 (60분)		문제 1	6	과제 해결에 필요한 정보를 듣고 나서 무엇을 해야 하는지 찾아내기	약 9분(한 문항당 약 1분 30초)		청해는 총 60분 중에서 문제 푸는 시간은 대략 48분 정도가 될 것으로 예상한다. 나머지 시간은 문제 설명과 연습문제 풀이시간이 될 것으로 예상한다. 새로운 시험에서 새로 도입된 질의응답은 난이도가 그다지 어렵지 않을 것으로 예상하지만 문제5는 긴 문장을 듣고 난 다음 그 내용을 비교하며 문제를 풀어야 하므로 꽤 까다로운 문제가 될 것이다. 평소에 뉴스 등을 들으면서 전체 내용을 파악하는 훈련을 해 둔다면 그다지 어렵지 않게 풀어 나갈 수 있을 것이다.
		문제 2	6 또는 7	대화나 혼자 말하는 내용을 듣고 포인트 파악하기	약 13분 25초 (한 문항당 약 1분 55초)		
		문제 3	6	내용 전체를 듣고 화자의 의도나 주장을 이해	약 10분(한 문항당 약 1분 40초)		
		문제 4	13 또는 14	짧은 문장을 듣고 그에 맞는 적절한 응답 찾기	약 7분(한 문항당 약 30초)		
		문제 5	4	다소 긴 내용을 듣고 복수의 정보를 비교 통합하면서 내용 이해하기	약 8분(한 문항당 약 2분)		

문법 접속 활용표

〈활용형과 품사의 기호〉

활용형과 품사의 기호	예
명사	雪
동사 사전형	持つ・見る・する・来る
동사ます형	持ちます・見ます・します・来ます
동사ない형	持たない・見ない・しない・来ない
동사て형	持って・見て・して・来て
동사た형	持った・見た・した・来た
동사 의지형	持とう・見よう・しよう・来よう
동사 가정형	持てば・見れば・すれば・来れば
동사 명령형	持て・見ろ・しろ・来い
イ형용사 사전형	暑い
イ형용사 어간	暑い
イ형용사て형	暑くて
ナ형용사 사전형	丈夫だ
ナ형용사 어간	丈夫だ
ナ형용사て형	丈夫で
する동사의 명사형	散歩・運動・料理 등 [する]를 뒤에 붙일 수 있는 명사

〈접속방법 표시 예〉

[보통형]

동사	聞く	聞かない	聞いた	聞かなかった
イ형용사	暑い	暑くない	暑かった	暑くなかった
ナ형용사	上手だ	上手ではない	上手だった	上手ではなかった
명사	学生だ	学生ではない	学生だった	学生ではなかった

[명사수식형]

동사	聞く	聞かない	聞いた	聞かなかった
イ형용사	暑い	暑くない	暑かった	暑くなかった
ナ형용사	上手な	上手ではない	上手だった	上手ではなかった
명사	学生の	学生ではない	学生だった	学生ではなかった

JLPT

N1
文法

- 필수문법 98개
- 필수경어
- 기초문법

- 問題 5 문법형식판단
- 問題 6 문장만들기
- 問題 7 글의 문법

필수문법 98개

학습포인트

일본어능력시험의 최근 경향은 일상생활에 쓰이지 않는 복잡한 문법들은 '언어지식 문법'의 출제 대상에서 제외되고 있는 추세이다. 하지만 N1 레벨의 복잡하고, 논리적인 논설문이나 평론을 읽을 때 반드시 필요한 문법들은 독해 부분에서 많이 등장하기 때문에, 본 교재는 언어지식 문법 영역과 독해 영역에서 자주 등장하는 문법을 98개로 정리해 놓았다. 암기식의 공부보다는 문형 의미와 접속형태를 숙지하고 예문을 확인하면서 문장구조를 이해하길 바란다.

---

1 ～あっての

의미 ～이/가 있기에 가능한, ～이/가 있어야 할 수 있는

접속 명사 + あっての

예문 愛あっての結婚生活だ。愛がなければ、いっしょに暮らす意味がない。
사랑이 있어야 결혼 생활도 있는 것이다. 사랑이 없다면 함께 사는 의미가 없다.

---

2 ～いかんでは
～いかんにかかわらず
～いかんだ

의미 ～여하에 따라서는, ～여하에 관계없이, ～여하에 달려있다

접속 명사(の) + いかんでは (= ～次第で)

예문 今学期の出席率いかんでは、進級できないかもしれない。
いったん成立した契約は理由のいかんにかかわらず、取り消すことはできない。
일단 성립한 계약은 이유를 불문하고 취소하는 것은 불가능하다.
★관용표현　いかんともしがたい 어떻게도 할 수 없다
　　　　　　いかんせん 어찌할까?

---

3 ～(よ)うと～まいと

의미 ～하든지 말든지

접속 동사 의지형 + と + 동사 사전형 + まいと
★ 2, 3그룹동사는 「동사의 ない형+まいと」, 「する」는 「すまい」라고도 한다

예문 雨が降ろうと降るまいと試合は行われます。
비가 오든 오지 않든 시합은 열립니다.

---

4 ①～(よ)うにも～ない
②～ようがない

의미 ① ～하고 싶어도 ～못 한다
② ～하려고 해도 할 수가 없다

접속 ① 동사 의지형 + にも + 동사 가능형 + ない
② 동사 ます형 + ようがない

예문 ① 連絡先を残していないので連絡しようにもできない。
연락처를 남기지 않기 때문에 연락하고 싶어도 못 한다.
② 連絡先を残していないので連絡しようがない。
연락처를 남기지 않기 때문에 연락하려고 해도 할 수가 없다.

---

5 ～かぎりだ

의미 너무 ～하다, ～하기 그지없다 (강한 감정 표현)

접속 [イ형용사い, ナ형용사な, 명사の] + かぎりだ

예문 山道を一人で歩いていて途中で日が暮れてしまい、心細いかぎりだった。
산 길을 혼자 걷고 있다가 도중에 날이 저물어 너무 불안했다.

6	~(た)が最後さいご	의미	(일단) ~했다 하면
		접속	동사 た형 + が最後
		예문	うちの子こは外そとに出でたが最後さいご、夜遅よるおそくまで帰かえってこない。 우리 아이는 밖에 나가기만 했다 하면 밤늦게까지 돌아오지 않는다. ★유사표현 「~たら最後さいご」
7	~かたがた	의미	겸사겸사, ~할 겸 (해서)
		접속	명사 + かたがた
		예문	先日せんじつのお礼れいかたがた挨拶あいさつにまいりました。 지난 번의 답례 겸 인사하러 왔습니다.
8	~かたわら	의미	~하는 한편(으로)
		접속	[동사 사전형, 명사の] + かたわら
		예문	彼女かのじょは育児いくじのかたわら、家いえで内職ないしょくをしている。 그녀는 육아를 하는 한편으로 집에서 부업을 하고 있다.
9	~がてら	의미	~하는 김에, ~하기가 무섭게
		접속	[동사 ます형, 명사] + がてら
		예문	散歩さんぽがてら、買かい物ものをしてこよう。 산책하는 김에 쇼핑하고 오자.
10	~が早はやいか	의미	~하자마자, ~함과 동시에
		접속	[동사 사전형 · 동사 た형] + が早はやいか
		예문	信号しんごうが赤あかに変かわるが早はやいか、車くるまは一斉いっせいに走はしり出だした。 신호가 빨간색으로 바뀌자마자, 차는 일제히 달리기 시작했다. ★유의어 「~なり」「~や/~や否いなや」「~たとたん(に)」 「~か~ないかのうちに」「(か)と思うと」
11	~からある ~からする	의미	~씩이나 되는
		접속	명사(수량) + からある 명사(가격) + からする
		예문	彼は家電配達かでんはいたつのベテランだけに100キロからある冷蔵庫れいぞうこを一人で軽々かるがると運はこび出だした。 그는 가전 배달의 베테랑인 만큼 100Kg이나 되는 냉장고를 혼자서 가볍게 나른다.
12	~きらいがある	의미	~하는 경향이 있다
		접속	[동사 사전형, 명사の] + きらいがある
		예문	我わがクラブのメンバーは、この頃ごろどうも飲のみすぎのきらいがある。 우리 클럽 멤버들은 요즈음 아무래도 과음하는 경향이 있다.

13	~極まりない ~極まる	의미	지나치게 ~하다
		접속	ナ형용사 어간 + 極まりない
		예문	こんな吹雪の中、山に登るなんて危険極まりない。 이런 눈보라 속에 산에 오르다니 위험하기 짝이 없다. ★「極まる」도「極まりない」와 비슷한 의미로 사용된다.

14	① ~ごとく （~かのごとく） ② ~ごとき	의미	① ごとく ~한 것처럼(=のように) / ごとき ~같은(=のような) ② 명사 + ごとき ~같은거, ~따위(=なんか, など)
		접속	① [동사 사전형·동사 た형 / 명사の] + ごとく ★명사である / ナ형용사である + かのごとく (사실은 그렇지 않지만 마치 그러기라도 한 듯이)의 형태도 있다. ② 명사 + ごとき
		예문	① 彼女の歌声は澄んだ川のごとく耳に入ってくる。 그녀의 노랫소리는 맑은 강물처럼 귀에 들어 온다. ② 俺の気持ちが、お前ごときにわかるものか。 내 기분을 너 따위가 알 턱이 있나? ★「ごとき」뒤에는 명사가,「ごとく」뒤에는 동사·형용사·부사가 붙는다.

15	~こととて	의미	~이므로, ~인 까닭에
		접속	[동사, ナ형용사, イ형용사, 명사]의 명사수식형 + こととて
		예문	週末のこととて、どこ行っても家族連れが多かった。 주말이라서 어디를 가도 가족 동반이 많았다. ★동사 부정형인「ない」는「~ぬ」가 될 경우도 있다.

16	~ことなしに	의미	~하지 않고, ~없이
		접속	동사 사전형 + ことなしに
		예문	よい返事をいただくことなしに、帰るわけには行かない。 좋은 답변을 듣지 않고 돌아갈 수는 없다.

17	~始末だ	의미	(나쁜 결과로의) ~형편이다, ~모양이다, ~사정이다
		접속	[동사, ナ형용사, イ형용사, 명사]의 명사수식형 + しまつだ
		예문	相手を信じすぎたのか、妥協したことが裏目に出る始末だ。 상대를 너무 믿었던 것일까, 타협한 것이 어긋나 버렸다. ★「この」「その」「あの」등과 함께 사용되는 경우도 많다.

18	~ずくめ	의미	~투성이다, ~일색이다
		접속	명사 + ずくめ
		예문	騒がしくて外を見たら、黒ずくめの男たちがうろうろしていた。 시끄러워서 밖을 봤더니, 검은색 일색의 남자들이 어슬렁거리고 있었다.

19	~ずにはおかない ~ないではおかない	의미	~하지 않고 내버려 두는 일은 없다, 반드시 ~한다
		접속	동사 ない형 + ずにはおかない ★「する」는「せずにはおかない」
		예문	あんなひどいことをされたのだから、仕返しをせずにはおかない。 그런 심한 일을 당했으니까 보복하지 않을 수 없다.
20	~ずにはすまない ~ないではすまない	의미	~하지 않고서는 끝나지 않는다, 반드시 ~해야 한다
		접속	동사 ない형 + ずにはすまない ★「する」는「せずにはすまない」가 된다.
		예문	交通規則に反すると、罰金を払わずにはすまない。 교통 규칙을 어기면 반드시 벌금을 지불해야 한다.
21	~すら ~ですら	의미	~조차
		접속	명사 + すら
		예문	家事すらろくにできない家内に、親との同居は無理だと思う。 집안일조차 제대로 못 하는 아내에게 부모님과의 동거는 무리라고 생각한다.
22	~そばから	의미	~하는 즉시, ~하자마자
		접속	[동사 사전형·동사 た형] + そばから
		예문	小さい子供は部屋を片付けているそばから散らかしてしまう。 어린아이는 방을 정리하자마자 어지럽히고 만다.
23	ただ(ひとり)~のみならず	의미	단지 ~뿐만 아니라
		접속	ただ + [동사, い형용사, な형용사, 명사]의 보통형 + のみならず ★단, ナ형용사의「だ」는「である」가 되며, 명사는「명사のみならず」 「명사であるのみならず」가 된다.
		예문	このマンガはただ若い人のみならず老人にも人気がある。 이 만화는 단지 젊은이들뿐만 아니라 노인에게도 인기가 있다.
24	~たところで	의미	~한다고 해도, ~해 봤자
		접속	동사 た형 + ところで
		예문	考えたところで、状況は何も変わらない。 생각한다고 해도 상황은 아무것도 변하지 않는다.
25	~だに	의미	~만으로도, ~조차
		접속	[명사, 동사 사전형] + だに
		예문	クラスで一番かわいい女の子に告白され、予想だにしなかった幸福にとまどっている。 반에서 가장 귀여운 여자아이에게 고백받아 예상조차 못 했던 행복에 당황해하고 있다.

26	~たりとも	의미	~조차도, ~이라도
		접속	명사 + たりとも
		예문	危ないから一瞬たりとも目を離してはならない。 위험하니까 한 순간이라도 눈을 떼서는 안 된다.

27	~たる	의미	~된, ~라는 자격이 있는
		접속	명사 + たる
		예문	一社のトップたるものは、自らの仕事に優先順位をつけなければならない。 한 회사의 톱이 되는 자는 자신의 일에 우선순위를 두어야 한다.

28	~つ ~つ	의미	~하기도 하고 ~하기도 하고
		접속	동사 ます형 + つ + 동사 ます형 + つ
		예문	彼と私は持ちつ持たれつの関係です。 그와 나는 서로 상부상조하는 관계입니다.

29	~っぱなし	의미	계속 ~한 상태, 계속 ~인 채
		접속	동사 ます형 + っぱなし
		예문	今年の夏は異常に暑く、エアコンは毎日つけっぱなしだった。 올 여름은 예년에 비해 매우 더워서 에어컨은 매일 켠 채였다.

30	~であれ ~であろうと	의미	~이든, ~라고 하더라도
		접속	명사 + であれ / ~であろうと
		예문	日本人であれ、外国人であれ、困っている人がいたら助けてあげたい。 일본인이든 외국인이든 어려운 사람이 있으면 도와주고 싶다.

31	~てからというもの(は)	의미	~하고부터
		접속	동사 て형 + からというもの(は)
		예문	息子はあの先生に会ってからというもの見違えるほど変わりました。 아들은 저 선생님을 만나고 나서부터 몰라볼 정도로 변했습니다.

32	~でなくてなんだろう	의미	~이/가 아니고 뭐겠는가
		접속	명사 + でなくてなんだろう
		예문	彼女と目が合うとどきどきしたり、彼女のことばかりを考えたり、これが恋でなくてなんだろう。 그녀와 눈이 마주치면 두근거리고, 그녀만 생각하고, 이것이 사랑이 아니고 무엇이겠는가.

33	~ではあるまいし ~じゃあるまいし	의미	~도 아니고
		접속	[동사 사전형 · 동사 た형 + の(ん)] 명사] + ではあるまいし
		예문	子供じゃあるまいし、たった1回の失敗でめそめそなくな。 어린 애도 아니고 겨우 한 번 실패로 훌쩍훌쩍 울지 말아라.

34	~てやまない	의미	~해 마지않다, 계속 ~하고 있다
		접속	동사 て형 + やまない
		예문	みんなが健康な姿で無事に帰ってくることを祈ってやまない。 모두가 건강한 모습으로 무사히 돌아오기를 계속 바라고 있다.

35	~と相まって	의미	~와 합쳐져서, ~와 섞여서
		접속	명사 + と相まって
		예문	彼は生まれつきの才能と運とが相まって世界をまたにかける スターになった。 그는 선천적 재능에 운이 더해져서 세계를 다니며 활약하는 스타가 되었다.

36	~とあって	의미	~라고 해서, ~해서, ~라서
		접속	[동사, イ형용사, ナ형용사, 명사]의 보통형 + とあって ★단, ナ형용사와 명사의 「だ」는 붙지 않는 경우가 많다.
		예문	人気スターがやって来るとあって、大勢の人たちが待ち受け ていた。 인기 스타가 온다고 해서 많은 사람들이 기다리고 있었다.

37	~とあれば	의미	~라고 하면, ~하면, ~라면
		접속	[동사, イ형용사, ナ형용사, 명사]의 보통형 + とあれば ★단, 「ナ형용사」와 「명사」의 「だ」는 붙지 않는 경우가 많다.
		예문	だれも手伝ってくれないとあれば、私が一人でやるしかない。 아무도 도와 주지 않는다면 내가 혼자서 할 수 밖에 없다.

38	~といい ~ といい	의미	~도 ~도, ~도 그렇고 ~도 그렇고
		접속	명사 + といい + 명사 + といい
		예문	これ、色といいデザインといい、あなたによくお似合いですよ。 이거, 색도 디자인도 당신에게 잘 어울리군요.

39	~といったところだ ~というところだ	의미	~라고 하는 정도이다
		접속	[동사 사전형, 명사] + といったところだ
		예문	高くてもせいぜい10万円といったところです。 비싸도 기껏해야 10만엔 정도입니다.

40 ~といえども	**의미**	~라 하더라도(역접 표현)
	접속	[동사, イ형용사, ナ형용사, 명사]의 보통형 + といえども ★단, ナ형용사와 명사의「だ」는 붙이지 않는 경우가 많다.
	예문	子供といえども自分の行動には責任をとるべきだ。 아이라고 해도 자신의 행동에는 책임을 져야 한다.
41 ~といったらない ~といったらありゃしない	**의미**	~하기 짝이 없다, ~하기 이를데 없다
	접속	[동사 사전형, イ형용사い, ナ형용사(だ), 명사(だ)] + といったらない
	예문	彼女の料理はとても食べられない。まずいといったらありゃしない。 그녀의 요리는 도저히 먹을 수 없다. 맛없기 짝이 없다. ★「ったらない」는 허물없는 사이에서 사용하는 표현이다.
42 ~と思いきや	**의미**	~라고 생각했는데
	접속	[동사, い형용사, な형용사, 명사]의 보통형 + と思いきや ★~かと /~だろうと + 思いきや의 형태로 자주 쓰임. ★단, ナ형용사와 명사의「だ」는 붙이지 않는 경우가 많다.
	예문	勝ったまま試合が終わるかと思いきや、逆転負けした。 승리로 시합이 끝나는가 했더니, 역전패했다.
43 ~ときたら	**의미**	~은/는, ~로 말하면 ★비난, 불만에 자주 쓰임.
	접속	명사 + ときたら
	예문	うちの部長ときたらいつも口ばかりで自分では何もしようとしないんだよ。 우리 부장님으로 말할 것 같으면 항상 말뿐이고 본인은 아무것도 하려고 하지 않아.
44 ~ところを	**의미**	~임에도 불구하고, ~인데도 ★인사말, 감사표현
	접속	[동사 사전형 · 동사 た형 い형용사い ナ형용사な 명사の] + ところを
	예문	お疲れのところを、遅くまでありがとうございました。 피곤하신데도 불구하고, 늦게까지 감사합니다.
45 ~としたところで ~としたって ~にしたところで ~にしたって	**의미**	~해 봤자, ~한다 해도 ★부정적·표현
	접속	[동사, イ형용사, ナ형용사, 명사]의 보통형 + としたところで ★단, ナ형용사와 명사의「だ」는 붙이지 않는 경우가 많다.
	예문	全員が参加するとしたところで、せいぜい10人位だ。 전원이 참가한다고 하더라도 기껏해야 10명 정도이다.

46	~とは	의미	~라니, ~일 줄은
		접속	[동사, イ형용사, ナ형용사, 명사]의 보통형 + とは
			★단, ナ형용사와 명사의「だ」는 붙이지 않는 경우가 많다.
		예문	まじめだった彼があのような犯罪を犯すとは。
			성실했던 그가 그런 범죄를 저지르다니.

47	~とはいえ	의미	~라고는 하지만, ~이기는 해도
		접속	[동사, イ형용사, ナ형용사, 명사]의 보통형 + とはいえ
			★단, ナ형용사와 명사의「だ」는 붙이지 않는 경우가 많다.
		예문	春とはいえ、まだ寒い。
			봄이라고는 해도 아직 춥다.

48	~とばかりに	의미	(마치)~라는 듯이
		접속	[동사 보통형, 명령형 / イ형용사, ナ형용사, 명사의 보통형] + とばかりに
			★단,「ナ형용사」와「명사」의「だ」는 붙이지 않는 경우가 많다.
		예문	子供は待っていたとばかりに、おもちゃをねだった。
			아이는 기다렸다는 듯이 장난감을 사달라고 졸랐다.

49	~ともなく / ~ともなしに	의미	특별히 ~하려는 생각없이, 흘깃, 문득
		접속	동사 사전형 + ともなく
			★전후에 같은 동사가 붙는 경우가 많다.
		예문	隣の人の新聞を見るともなく読んでいたら、自分が勤めている会社の記事が載っていた。
			옆 사람의 신문을 흘깃 봤더니, 자신이 근무하고 있는 회사의 기사가 실려 있었다.
			だれからともなく非難の声があがっている。
			누구로부터 할 것 없이 비난의 목소리가 높아지고 있다.
			★「의문사 + 조사 + ともなく」는 '어느 부분이라고 특정할 수는 없지만'의 의미를 나타낸다.

50	~ともなると / ~ともなれば	의미	~이/가 되면, ~정도가 되면
		접속	[동사 사전형, 명사] + ともなると
		예문	今は閑散としている田舎町だが、春ともなると花見客で賑わう。
			지금은 한산한 시골 마을이지만, 봄이 되면 꽃놀이객들로 붐빈다.

51	~ないまでも	의미	~하지는 못해도, ~없다 해도
		접속	동사 ない형 + ないまでも
		예문	そこまではできないまでもできるだけ協力いたします。
			거기까지는 못 하지만 할 수 있는 한 협력하겠습니다.

52	～ないものでもない		
		의미	전혀 ～못할 것도 없다, ～할 수도 있다
		접속	동사 ない형 + ないものでもない
		예문	あなたが手伝ってくれるならできないものでもない。 당신이 도와준다면 전혀 못할 것도 없다. ★유사표현「～ないこともない」

53	～ながらに		
		의미	～하면서, ～서부터(그대로), ～의 상태인 채
		접속	[동사 ます형, 명사] + ながらに
		예문	その歌手は涙ながらに活動休止を発表した。 그 가수는 눈물을 흘리면서 활동 중단을 발표했다. ★관용적인 표현「涙ながらに」「生まれながらに」「昔ながら(の)」

54	～ながら(も)		
		의미	～임에도 불구하고, ～이면서도(역접)
		접속	┌동사 ます형・ない형−ない イ형용사い ナ형용사 어간, ナ형용사であり └명사, 명사であり ┘ + ながら(も)
		예문	言ってはいけないと思いながらも、つい言ってしまった。 말해서는 안 된다고 생각하면서도 그만 말을 하고 말았다.

55	～なくして ～なくしては		
		의미	～없이(는), ～없고(는)
		접속	명사 + なくして(は)
		예문	皆の協力なくして成功はあり得なかった。 여러분의 협력없이 성공은 있을 수 없었다.

56	～なしに ～ことなしに		
		의미	～하지 않고, ～없이
		접속	명사 + なしに 동사 사전형 + ことなしに
		예문	苦労することなしに金儲けができるなんて、そんな都合のいい話はない。 고생하지 않고 돈을 벌 수 있다니, 그런 형편 좋은 이야기는 없다.

57	～ならでは ～ならではの		
		의미	～밖에는 할 수 없는, ～이 아니면
		접속	명사 + ならでは(の)
		예문	何をするにしても自分ならではのスタイルを表現することを心がけている。 무엇을 해도 자기만의 스타일을 표현하는 것을 유념하고 있다.

58	～なり	의미	～하자마자
		접속	동사 사전형 + なり
		예문	学生たちは終わりのベルが鳴るなり、教室を飛び出して行った。 학생들은 종료 벨이 울리자마자 교실을 뛰어나갔다. ★유사표현 「～が早いか」「～や/～や否や」「～たとたん(に)」「(か)と思うと」 「～か～ないかのうちに」

59	～なり～なり	의미	～든지 ～든지
		접속	[동사 사전형, 명사] + なり + [동사 사전형, 명사] + なり
		예문	テキストは買うなり、借りるなりして忘れないで必ず持ってきてください。 교재는 사거나 빌리거나 해서 잊지 말고 반드시 가지고 오세요.

60	～なりに ～なりの	의미	～나름대로, ～나름의
		접속	[동사, い형용사, な형용사, 명사의 보통형] + なりに ★단, ナ형용사와 명사의 「だ」는 붙이지 않는 경우가 많다.
		예문	自分なりに一人でがんばってみたがやっぱりだめだった。 자기 나름대로 혼자서 열심히 해 보았지만, 역시 안 됐다.

61	～に(は)あたらない	의미	～할 정도는 아니다, ～할 것까지는 없다
		접속	[동사 사전형, 명사] + に(は)あたらない
		예문	彼の成績はいつもトップだから、東大に入っても驚くにはあたらない。 그의 성적은 항상 톱이니까 도쿄대에 들어가도 놀랄 정도는 아니다.

62	～にあって	의미	～에 있어서, ～에서
		접속	명사 + にあって
		예문	父は会社の倒産にあって、この頃日曜日も休まず、働いている。 아버지는 회사 도산으로 요즈음 일요일에도 쉬지 않고 일하고 있다.

63	～に至って ～に至る ～に至るまで	의미	～에 이르러, ～에 이르기까지, ～에 이르다
		접속	[동사 사전형, 명사] + に至って
		예문	父が起こした会社は発展を続け、海外に支店を出すに至った。 아버지가 세운 회사는 발전을 계속하여 해외에 지점을 내기에 이르렀다.

64	**〜にかかわる**	의미	〜이/가 걸린, 〜에 관련된
		접속	명사 + にかかわる
		예문	これはプライバシーにかかわることなのでお答えできません。 이것은 프라이버시에 관련된 것이므로 대답할 수 없습니다.

65	**〜にかたくない**	의미	〜하기 어렵지 않다, 〜할 수 있다
		접속	[동사 사전형, 명사] + にかたくない
		예문	ボロボロになった車を見ると事故のすさまじさは想像にかたくない。너덜너덜해진 차를 보면 사고의 무서움을 상상하기 어렵지 않다. ★주로「想像・理解・察する」와 사용된다.

66	**〜にして**	의미	① 〜이/가 되어서야, 〜이기에 ② 〜이면서 동시에
		접속	명사 + にして
		예문	① 念願の夢がかない彼は60歳にして歌手デビューした。 염원의 꿈을 이룬 그는 60세가 되어서 가수 데뷔를 했다. 荒波は一瞬にして釣り船を飲み込んだ。 거친 파도는 한 순간에 낚싯배를 삼켰다. ② 彼女は会社員にして先生でもある。 그녀는 회사원이면서 동시에 선생님이기도 하다.

67	**〜に即して** **〜に即した**	의미	〜에 따라(서), 〜에 따른
		접속	명사 + に即して
		예문	試験中の不正行為は校則に即して処理することになっている。 시험 중 부정행위는 교칙에 따라서 처리하기로 되어 있다.

68	**〜にたえる**	의미	〜할 만하다, 〜할 수 있다
		접속	[동사 사전형, 명사] + にたえる
		예문	最近はくだらない映画ばかりで見るにたえる作品がない。 최근에는 시시한 영화뿐이고 볼 만한 작품은 없다.

69	**〜にたえない**	의미	① 차마 〜할 수 없다 ②너무 〜하다(〜해 마지않다)
		접속	① 동사 사전형 + にたえない ② 명사 + にたえない ★「명사 + にたえない」의 명사는「感謝」「感激」등 한정된 명사이며, 격식차린 인사말에 쓰인다.
		예문	最近、見るにたえないほどのひどい番組がある。 최근에 차마 볼 수 없을 정도로 심한 프로그램이 있다. 貴社のご厚情、感謝の念に堪えません。 귀사의 후의에 몸 둘 바를 모르겠습니다.

70	~に足る	의미	~할만한, ~하기에 충분한
		접속	[동사 사전형, 명사] + に足る ★단, 명사는 する가 붙을 수 있는 것에 한한다.
		예문	あの人は信頼するに足る人物です。 저 사람은 신뢰할 만한 인물입니다.

71	~にひきかえ	의미	~와는 달리, ~와는 반대로
		접속	명사 + にひきかえ [동사, い형용사, な형용사]의 명사수식형 + の + にひきかえ
		예문	口ばかりの部長にひきかえ、課長は大変やり手だ。 말뿐인 부장과는 달리 과장은 굉장히 수완가이다. 息子が社交的なタイプなのにひきかえ、娘は人前に出るのを嫌うタイプだ。 이들이 사교적인 타입인 것과는 달리, 딸은 사람들 앞에 나서는 것을 싫어한다.

72	~にもまして	의미	~보다 더, ~보다 우선해서
		접속	명사 + にもまして [동사, い형용사, な형용사]의 명사수식형 + の + にもまして
		예문	地球温暖化は以前にもまして深刻化しつつある。 지구온난화는 이전에 비해서 점점 심각해지고 있다. 試合に勝ったのにもまして、全力を出し切れたことを誇りに思う。 시합에 이긴 것보다 우선해서, 전력을 다한 것을 자랑으로 생각한다.

73	~の至り	의미	극히 ~함, ~하기 그지없음
		접속	명사 + の至り
		예문	初歩的な質問までご回答いただき、恐縮の至りです。 초보적인 질문까지 대답해 주셔서, 대단히 황송합니다.

74	~の極み	의미	~의 극치, 극도의~
		접속	명사 + の極み
		예문	私に一食数千円の食事は贅沢の極みです。 나에게 한 끼에 수천 엔인 식사는 사치의 극치.

75	~はおろか	의미	~은/는 커녕, ~은/는 말할 것도 없고
		접속	명사 + はおろか
		예문	この成績では奨学金はおろか、卒業さえも危うい。 이 성적으로는 장학금은커녕, 졸업조차도 아슬아슬하다.

76	~ばこそ	의미	~이기 때문에, ~이기에
		접속	가정조사ば + こそ　　★[な형용사, 명사]であれば + こそ
		예문	優勝できたのは、チーム全員の協力あればこそだ。 우승할 수 있었던 것은 팀 전원의 협력이 있었기 때문이다.

필수**문법** 98개

77	~ばそれまでだ	의미	~면 그뿐이다, ~면 모든 일이 수포로 돌아간다
		접속	가정조사ば + それまでだ ★[な형용사, 명사]であれば + それまでだ
		예문	長年勤めた会社だが、退職してしまえばそれまでだ。 오래 근무한 회사이지만 퇴직하고 말면 그 뿐이다. ★유사표현「~たらそれまでだ」
78	①~べからざる ②~べからず	의미	① ~해서는 안 되는, ~해서는 못 쓰는 ② ~말 것(금지), ~해서는 안 된다
		접속	① 동사 사전형 + べからざる + 명사 ② 동사 사전형 + べからず
		예문	成人指定の映画や漫画は青少年の見るべからざるものとなっている。 성인지정 영화나 만화는 청소년이 보면 안 되게 되어 있다. 関係者以外は入るべからず。 관계자 외 출입금지. ★「するべからず」는「すべからず」가 되는 경우도 있다.
79	~べく	의미	~하려고, ~하고자
		접속	동사 사전형 + べく
		예문	父親は家族を支えるべく、一生懸命にがんばっている。 부친은 가족을 지탱하려고 열심히 노력하고 있다. ★「するべく」는「すべく」가 되는 경우도 있다.
80	~まじき	의미	~해서는 안 되는, ~답지 못한
		접속	동사 사전형 + まじき ★「するまじき」는「すまじき」가 되는 경우도 있다.
		예문	弱い者をいじめるなんて、許すまじき行為だ。 약한 사람을 학대하다니 용서해서는 안 되는 행위다.
81	~までだ ~までのことだ	의미	~할 따름이다, ~하면 그만이다, ~할 뿐이다
		접속	동사 사전형 + までだ
		예문	バスがなければ、歩いて帰るまでだ。 버스가 없으면 걸어서 돌아갈 따름이다.
82	~までもない ~までもなく	의미	~할 필요도 없다, ~할 필요도 없이
		접속	동사 사전형 + までもない
		예문	彼の営業実績は、言うまでもなく社内トップだ。 그의 영업실적은 말할 필요도 없이 사내 최고이다.

83	～まみれ	의미	～투성이, ～범벅
		접속	명사 + まみれ
		예문	毎日、汗まみれになって練習した成果があった。 매일 땀투성이가 될 때까지 연습한 성과가 있었다.
84	～めく	의미	～답다, ～같다
		접속	명사 + めく
		예문	そよそよ吹く風が心地よい。ようやく春めいてきた。 살랑살랑 부는 바람이 상쾌하다. 드디어 봄다워졌다.
85	～もさることながら	의미	～도 있지만, ～은/는 물론이거니와
		접속	명사 + もさることながら
		예문	あのレストランは味もさることながらサービスの評判もいい。 저 레스토랑은 맛도 있지만, 서비스의 평판도 좋다.
86	～ものを	의미	～텐데, ～련만
		접속	[동사, イ형용사, ナ형용사]의 명사수식형 + ものを
		예문	もう少し練習していたらできたものを、途中であきらめてしまったなんてもったいない。 조금 더 연습했다면 가능했을 텐데, 도중에 포기하다니 아깝다.
87	～や ～や否や	의미	～하자마자
		접속	동사 사전형 + や, や否や
		예문	この新型モデルは発売するや否や世界各地でマニアの注目を集めた。 이 신모델은 발매하자마자 세계 각지에서 마니아의 주목을 모았다. ★ 유사표현「～が早いか」「～なり」
88	～ゆえ(に) ～ゆえの	의미	～때문에, ～까닭에
		접속	[동사, イ형용사, ナ형용사, 명사]의 명사수식형 + ゆえ(に) ★ な형용사의「な」와 명사의「の」는 붙지 않는 경우가 많다.
		예문	貧しさゆえに、教育を受けられない子供もたくさんいる。 가난 때문에 교육을 못 받는 아이도 많이 있다.
89	①～をおいて ②～をおいてほかに~ない	의미	① ～을/를 제외하고, ～이/가 아니면 ② ～이외에 따로 없다
		접속	명사 + をおいて
		예문	彼をおいてほかに議長適任者はいない。 그 사람 이외에 의장 적임자는 없다.

필수**문법** 98개

90	~を限り(かぎ)りに	의미	~을/를 끝으로, ~부터
		접속	명사 + を限(かぎ)りに
		예문	今日(きょう)を限(かぎ)りに、このマンションともお別(わか)れだ。 오늘을 마지막으로 이 맨션과도 이별이다.

91	~を皮切(かわき)りに ~を皮切(かわき)りにして ~を皮切(かわき)りとして	의미	~을/를 시작으로(해서), ~을/를 기점으로(해서)
		접속	[동사 사전형 · 동사 た형 명사] + の + をかわきりに
		예문	そのコンサートは東京(とうきょう)を皮切(かわき)りに全国各地(ぜんこくかくち)での開催(かいさい)を予定(よてい)している。 그 콘서트는 도쿄를 시작으로 해서 전국 각지에서의 개최를 예정하고 있다.

92	~を禁(きん)じえない	의미	~을/를 금할 수 없다
		접속	명사 + を禁(きん)じえない
		예문	子供(こども)を誘拐(ゆうかい)するなんて、怒(いか)りを禁(きん)じえない。 어린이를 유괴하다니, 분노를 금할 수 없다.

93	~をもって	의미	① ~으로, ~을/를 이용해서(수단, 방법) ② ~부로 (기한)
		접속	명사 + をもって
		예문	やると言(い)った以上(いじょう)、最後(さいご)まで責任(せきにん)をもってやります。 한다고 말한 이상, 마지막까지 책임을 지고 하겠습니다. これをもって、今日(きょう)は終(お)わりにしたいと思(おも)います。 이것으로 오늘은 끝내려고 합니다.

94	~をものともせずに	의미	~을/를 아랑곳하지 않고, ~에 굴하지 않고, ~은/는 아무것도 아닌 듯이
		접속	명사 + をものともせずに
		예문	この不況(ふきょう)をものともせずに、伸(の)び続(つづ)ける秘訣(ひけつ)はいったいなんだろう。 이 불황에 아랑곳하지 않고, 계속 성장하는 비결은 도대체 뭘까?

95	①~を余儀(よぎ)なくされる ②~を余儀(よぎ)なくさせる	의미	① 어쩔 수 없이 ~하게 되다 ② 어쩔 수 없이 ~하게 시키다
		접속	① 명사 + を余儀(よぎ)なくされる ② 명사 + を余儀(よぎ)なくさせる
		예문	① 不況(ふきょう)のため労働者(ろうどうしゃ)は賃金(ちんぎん)カットを余儀(よぎ)なくされてしまった。 불황때문에 노동자는 어쩔 수 없이 임금 삭감을 당하게 되고 말았다. ② 台風(たいふう)の接近(せっきん)が登山計画(とざんけいかく)の中止(ちゅうし)を余儀(よぎ)なくさせた。 태풍의 접근이 등산 계획을 어쩔 수 없이 중지시켰다. (태풍의 접근으로 등산 계획은 부득이하게 중지되었다.)

96	～をよそに	의미	～을/를 남의 일처럼 여기고, ～을/를 개의치 않고
		접속	명사 + をよそに
		예문	彼は親の心配をよそに一人暮らしをはじめた。 그는 부모님의 걱정은 아랑곳하지 않고 혼자 살기 시작했다.
97	～んがため（に） ～んがための	의미	～하기 위해(서), ～하기 위한
		접속	동사 ない형 + んがため(に) ★「する」는「せんがため（に）」로 쓰인다.
		예문	ある商品に人気が出ると、儲けんがための類似商品が作られる。 어느 상품이 인기가 생기면 돈을 벌기 위한 유사 상품이 만들어진다.
98	～んばかりだ ～んばかりに ～んばかりの	의미	당장이라도 ～할 듯하다, ～할 듯이, ～할 듯한
		접속	ない형 + んばかりだ ★「する」는「せんばかり」로 쓰인다.
		예문	台風が来て、街路樹の枝が今にも折れんばかりだ。 태풍이 와서 가로수 가지가 당장이라도 부러질 듯하다.

필수경어

경어는 매회 출제되고 있으며, 문법영역 뿐만 아니라 청해 영역에서도 자주 등장하기 때문에 존경어·겸양어·정중어를 잘 구분하여 학습해야 한다. 경어는 상대방을 직접올려서, 겸양어는 나를 낮추어 경의를 표시한다. 정중어는 정중한 말을 사용하여 상대방에게 경의를 표하는 표현으로 「です·ます」가 대표적이다. 단순 암기보다는 많이 읽어보는 것이 경어를 익히는데 효과적이다.

특수존경어

いらっしゃる	いる(있다)・行く(가다)・来る(오다)의 존경어
	社長がいらっしゃいました。사장님이 오셨습니다.
おっしゃる	言う(말하다)의 존경어
	先生はこのようにおっしゃいました。선생님은 이렇게 말씀하셨습니다.
なさる	する(하다)의 존경어
	そのようになさっても大丈夫ですよ。그렇게 하셔도 괜찮습니다.
	お風呂になさいますか。それともお食事になさいますか。목욕을 하시겠습니까? 아니면 식사를 하시겠습니까?
召す	형태에 따라 의미가 달라진다. (입다, 마음에 들다, 먹다 등)
	プレゼントは、お気に召していただけたでしょうか。선물은 마음에 드셨습니까?
	お口に合うかどうかわかりませんが、召し上がってみてください。입맛에 맞을지 어떨지 모르겠습니다만, 드셔봐 주세요.
	★「お召し上がりください」는 이중경어로 문법적으로는 잘못된 표현이지만, 현재는 정착되고 있다.
くださる	くれる(주다)의 존경어
	先生は私たちに貴重なお言葉を下さいました。선생님은 저희에게 귀중한 말씀을 해 주셨습니다.
見える	来る(오다)의 존경어
	お客様が見えました。손님이 오셨습니다.
	★「お見えになる」는 이중경어로 문법적으로는 잘못된 표현이지만, 현재는 정착되고 있다.
お越しになる	来る(오다)의 존경어
	会長がお越しになりました。회장님께서 오셨습니다.

おいでになる	いる(있다) · 行く(가다) · 来る(오다)의 존경어
	山田様がおいでになっています。야마다 씨가 오셨습니다(와 계십니다). ★「おいでくださり(いただき)、ありがとうございます」와 같은 사용법도 OK
ご存じだ	知っている(알다)의 존경어
	雰囲気のいいレストランをご存じですか。분위기 좋은 레스토랑을 아십니까?

일반동사 존경어

お(ご)〜になる	おかけになった番号は、現在使われておりません。 지금 거신 번호는 현재 사용되고 있지 않습니다. この電車には、ご乗車になれませんのでご注意ください。 이 전철에는 승차하실 수 없으니 주의해 주십시오. こちらのコート、一度お召しになってみてください。이 코트, 한번 입어 봐 주세요. ★예외 : 「見る → ご覧になる」「行く·来る·いる → おいでになる」 　　　　「寝る → お休みになる」「着る → お召しになる」
〜(ら)れる	山田様は、明日の集まりに来られますか。야마다 님은 내일 모임에 오십니까? 社長は、いつも電車で通勤されます。사장님은 늘 전철로 통근하십니다.
〜なさる	パーティーに出席なさいますか。파티에 출석하십니까?
ご〜なさる	どうぞこちらをご利用なさいませ。부디 이쪽을 이용해 주시기 바랍니다.
お(ご)〜だ	先生は、いつも「毎朝新聞」をお読みです。선생님은 늘 '마이아사 신문'을 읽으십니다.
〜てくださる	論文の書き方について、先生が助言してくださった。 논문 쓰는 법에 대해서, 선생님께서 조언을 해주셨다.
お(ご)〜くださる	ご連絡くださいまして、ありがとうございます。연락 주셔서 감사합니다. 本日はお招きくださり、大変感謝しております。 오늘은 초대해 주셔서, 대단히 감사합니다. ご了承くださる(くださいます)よう、お願い申し上げます。 양해해 주시길 부탁드리겠습니다.
お(ご)〜ください	なるべく、早いうちにご連絡ください。되도록, 빨리 연락주세요. 商品が届きましたら、こちらにお振込みください。 상품이 도착하면, 이쪽으로 입금해 주세요.

필수경어

伺う うかが	訪れる(방문하다) · 尋ねる(묻다) · 聞く(듣다)의 겸양어
	明日の午前中に伺いたいのですが。 내일 오전 중에 찾아 뵙고 싶습니다만.
申し上げる もう あ	言う(말하다)의 겸양어
	これから、本日の予定を申し上げます。 이제부터 오늘의 예정을 말씀드리겠습니다.
存じる ぞん	思う(생각하다)의 겸양어
	当レストランにて楽しい時間をお過ごしいただければと存じます。 저희 레스토랑에서 즐거운 시간을 보내셨으면 합니다.
存じている(일, 물건) ぞん 存じ上げている(사람) ぞん あ	知っている(알다)의 겸양어
	その件については、私も存じています(存じております)。 그 건에 대해서는 저도 알고 있습니다. 山田先生なら私も存じ上げています(存じ上げております)。 야마다 선생님이라면 저도 알고 있습니다.
差し上げる さ あ	あげる(주다)의 겸양어
	こちらの商品をお求めのお客様には、プレゼントを差し上げております。 이 상품을 사신 고객님께는 선물을 드리고 있습니다.
頂く いただ	もらう(받다)의 겸양어
	これは、親戚のおばさんからいただいたものです。 이것은 외숙모가 주신 것입니다.
お目にかかる め	会う(만나다)의 겸양어
	山田さんには以前お目にかかったことがありますが、とても素敵な方でしたよ。 야마다 씨는 전에 뵌 적이 있습니다만, 아주 멋진 분이었습니다.
お目にかける め ご覧に入れる らん い	見せる(보여주다)의 겸양어
	わざわざお目にかけるほどの作品ではございませんが、もしよろしかったらご覧ください。 일부러 보여 드릴 정도의 작품은 아닙니다만, 혹시 괜찮으시다면 보십시오.
拝見する はいけん	見る(보다)의 겸양어
	私が拝見した限りでは、特に問題はありませんでした。 제가 본 바로는 특별히 문제는 없었습니다.

<ruby>拝借<rt>はいしゃく</rt></ruby>する	<ruby>借<rt>か</rt></ruby>りる(빌리다)의 겸양어 こちらの<ruby>本<rt>ほん</rt></ruby>、<ruby>少々<rt>しょうしょう</rt></ruby><ruby>拝借<rt>はいしゃく</rt></ruby>してもよろしいでしょうか。 이 책, 잠시만 빌려도 되겠습니까?
<ruby>拝聴<rt>はいちょう</rt></ruby>する	<ruby>聞<rt>き</rt></ruby>く(듣다)의 겸양어 <ruby>今回<rt>こんかい</rt></ruby><ruby>初<rt>はじ</rt></ruby>めて<ruby>田中先生<rt>たなかせんせい</rt></ruby>の<ruby>講演<rt>こうえん</rt></ruby>を<ruby>拝聴<rt>はいちょう</rt></ruby>し、<ruby>大変感動<rt>たいへんかんどう</rt></ruby>いたしました。 이번에 처음으로 다나카 선생님의 강연을 듣고 많은 감동을 받았습니다.
<ruby>承<rt>うけたまわ</rt></ruby>る	<ruby>受<rt>う</rt></ruby>ける(받다)・<ruby>聞<rt>き</rt></ruby>く(듣다)・<ruby>伝<rt>つた</rt></ruby>え<ruby>聞<rt>き</rt></ruby>く(전해 듣다)・<ruby>引<rt>ひ</rt></ruby>き<ruby>受<rt>う</rt></ruby>ける(담당하다)의 겸양어 (1) 「<ruby>受<rt>う</rt></ruby>ける(받다)의 겸양어」 　<ruby>ご注文<rt>ちゅうもん</rt></ruby>を<ruby>承<rt>うけたまわ</rt></ruby>ります。 주문 받겠습니다. (2) 「<ruby>聞<rt>き</rt></ruby>く(듣다)의 겸양어」 　<ruby>ご意見<rt>いけん</rt></ruby>・<ruby>ご質問<rt>しつもん</rt></ruby>は、<ruby>お客様相談窓口<rt>きゃくさまそうだんまどぐち</rt></ruby>にて<ruby>承<rt>うけたまわ</rt></ruby>っております。 의견·질문은 고객상담창구에서 받겠습니다. (3) 「<ruby>伝<rt>つた</rt></ruby>え<ruby>聞<rt>き</rt></ruby>く(전해 듣다)의 겸양어」 　<ruby>鈴木様<rt>すずきさま</rt></ruby>より<ruby>本日<rt>ほんじつ</rt></ruby>は<ruby>開始時間<rt>かいしじかん</rt></ruby>が30<ruby>分<rt>ぶん</rt></ruby>ほど<ruby>遅<rt>おく</rt></ruby>れる<ruby>予定<rt>よてい</rt></ruby>と<ruby>承<rt>うけたまわ</rt></ruby>っております。 스즈키 님한테서 오늘은 개시 시간이 30분 정도 늦을 예정이라고 전해 들었습니다. (4) 「<ruby>引<rt>ひ</rt></ruby>き<ruby>受<rt>う</rt></ruby>ける(담당하다)의 겸양어」 　<ruby>弊社<rt>へいしゃ</rt></ruby>では、<ruby>税務<rt>ぜいむ</rt></ruby>・<ruby>会計<rt>かいけい</rt></ruby>・<ruby>経理<rt>けいり</rt></ruby>などの<ruby>業務<rt>ぎょうむ</rt></ruby>を<ruby>代理<rt>だいり</rt></ruby>で<ruby>承<rt>うけたまわ</rt></ruby>っております。 저희 회사에서는 세무·회계·경리 등의 업무를 대리로 담당하고 있습니다.
<ruby>頂戴<rt>ちょうだい</rt></ruby>する	もらう(받다)의 겸양어 たくさんの<ruby>祝電<rt>しゅくでん</rt></ruby>を<ruby>頂戴<rt>ちょうだい</rt></ruby>しておりますので、<ruby>ご紹介<rt>しょうかい</rt></ruby>したいと<ruby>存<rt>ぞん</rt></ruby>じます。 많은 축전을 받아서 소개하려고 합니다.
いたす	する(하다)의 겸양어 <ruby>失礼<rt>しつれい</rt></ruby>いたします。<ruby>入<rt>はい</rt></ruby>ってもよろしいでしょうか。 실례합니다. 들어가도 괜찮겠습니까? またこちらからお<ruby>電話<rt>でんわ</rt></ruby>いたします。 이쪽에서 다시 전화 드리겠습니다. <ruby>何<rt>なに</rt></ruby>かあった<ruby>際<rt>さい</rt></ruby>には、<ruby>ご相談<rt>そうだん</rt></ruby>いたします。 무슨 일이 있을 때에는 의논하겠습니다. <ruby>申<rt>もう</rt></ruby>し<ruby>訳<rt>わけ</rt></ruby>ありませんが、こちらでは、<ruby>ご案内<rt>あんない</rt></ruby>いたしかねます。 죄송합니다만, 이쪽에서는 안내할 수 없습니다.
<ruby>承知<rt>しょうち</rt></ruby>いたす	<ruby>分<rt>わ</rt></ruby>かるの 겸양어 <ruby>明日<rt>あした</rt></ruby>までに<ruby>企画書<rt>きかくしょ</rt></ruby>を<ruby>提出<rt>ていしゅつ</rt></ruby>する<ruby>件<rt>けん</rt></ruby>、<ruby>承知<rt>しょうち</rt></ruby>いたしました。 내일까지 기획서를 제출하는 건, 알겠습니다. ★「<ruby>承知<rt>しょうち</rt></ruby>する」에서「する → いたす」로 하면 보다 자신을 낮춘 겸양표현이 된다.

필수**경어**

かしこまる	**分**かるの 겸양어
	お**持**ち**帰**りで、ハンバーガーセットを3つですね。かしこまりました。 직접 가지고 가시는 것으로 햄버거 세트 3개네요. 알겠습니다.
参る (て・で)**参**る	(〜て)**来**る((〜해) 오다), (〜て)**行**く((〜해) 가다)의 겸양어
	はい、ただ**今**まいります。 네, 지금 가겠습니다. すぐに**準備**してまいります。 바로 준비해서 가겠습니다. **今運**んでまいりますので、**少々**お**待**ちください。 지금 운반해 올 테니, 조금만 기다려주세요. **営業部**の**伊藤**ですね。**今呼**んでまいります。 영업부 이토 말씀이시죠. 지금 불러 오겠습니다.
恐れ**入**る	황송해 하다, 송구스러워하다 (경어는 아니지만 자체로 겸양의 뜻을 지닌 일반동사)
	恐れ**入**りますが、こちらにご**記入**いただけますか。 죄송하지만, 이쪽에 기입해 주시겠습니까? お**褒**めいただき、**恐**れ**入**ります。 칭찬해주셔서 황송합니다. ★「**恐縮**です」도 사용 가능

일반동사 겸양어

お(ご)〜する	**昨日資料**をお**送**りしているはずなのですが。 어제 분명히 자료를 보냈다고 생각하는데요. **明日**、**先生**にお**会**いしたいのですが。 내일, 선생님을 뵙고 싶습니다만. ご**面倒**(お**手数**)をおかけしますが、よろしくお**願**いします。 번거롭게 해 드립니다만, 잘 부탁 드립니다. そちらに**関**しては、すでに**部長**にご**報告**しているのですが…。 그쪽에 관해서는 이미 부장님께 보고했습니다만.
お(ご)〜**申**し**上**げる	ここから**先**は、**私**がご**案内申**し**上**げます。 이제부터는 제가 안내해 드리겠습니다. では、**本日**の**午後**にお**届**け**申**し**上**げます。 그럼, 오늘 오후에 배달해 드리겠습니다.
お(ご)〜いただく	**少々**、お**待**ちいただけますか。 잠시 기다려주시겠습니까? なんとか、ご**理解**いただきたく**思**っております。 어떻게든 이해해주셨으면 합니다.
〜ていただく	**企画書**に**目**を**通**していただけたでしょうか。 기획서를 훑어봐 주셨나요?

~させていただく	今日は休ませていただけますか。 오늘은 쉬어도 되겠습니까? では、優勝者を発表させていただきます。 그럼, 우승자를 발표하겠습니다. 今日はこれで、失礼させていただきます。 오늘은 이것으로 실례하겠습니다.

정중어

ございます	ある・いる의 정중어
	お手洗いは、あちらにございます。 화장실은 저쪽에 있습니다.
~でございます	です의 정중어
	こちらが、かの有名な奈良の大仏でございます。 이쪽이 그 유명한 나라의 대불입니다.
~てよろしいですか ~でしょうか	いいですか・ですか의 정중어
	では、次のミーティングは来週木曜日でよろしいですか。 그럼, 다음 미팅은 다음 주 목요일로 괜찮으십니까?

필수경어

● (　　　) 안의 말을 경어로 바꾸세요.

(1) パーティーに（招いてくれて）、ありがとうございます。

(2) （使った）後は、元の場所に（戻してください）。

(3) そろそろ（寝て）ください。

(4) 若い頃はずいぶん（苦労した）そうですよ。

(5) 専務は、食後にいつもカフェラテを（飲みます）。

(6) お客様、手下げ袋は（利用しますか）。

(7) 明日にでも、（連絡します）。

(8) 今日は、早退（させてもらえますか）。

(9) どうも、お手数を（かけます）。

(10) 心より（祝います）。

(11) どこが悪いのか、（指摘してもらいたいのですが）。

(12) ちょっと（たずねますが）、このあたりに「トレビ」というレストランはありませんか。

(13) A：たくさんありますから、ひとつ（あげましょうか）。

　　　 B：本当ですか。じゃ、遠慮なく（もらいます）。

(14) 3時に山本さんという方が（来る）予定です。

(15) 佐藤先生なら、私もよく（知っています）。

정답 (1) お招きくださり, お招きくださいまして, 招いてくださって, 招いてくださいまして, お招きいただき, お招きいただきまして

(파티에 초대해 주셔서 감사합니다.)

(2) お使いになった / お戻しください

(사용하신 후에는 원래 자리에 돌려놔 주세요.)

(3) お休みになって

(이제, 주무세요.)

(4) 苦労された, 苦労なさった

(젊을 때는 꽤 고생하셨답니다.)

(5) お飲みです, お飲みになります, 召し上がります

(전무님은 식후 늘 카페라떼를 드십니다.)

(6) ご利用なさいますか, ご利用になりますか, ご利用されますか

(고객님, 쇼핑백은 필요하십니까?)

(7) ご連絡いたします, ご連絡差し上げます, ご連絡申し上げます, 連絡させていただきます

(내일이라도 연락 드리겠습니다.)

(8) 早退させていただけますか

(오늘은 조퇴해도 될까요?)

(9) お掛けします, お掛けいたします

(감사합니다. 수고 끼쳐드렸습니다.)

(10) お祝い申し上げます, お祝いいたします, お祝いします

(진심으로 축하드립니다.)

(11) 指摘していただきたいのですが, ご指摘いただきたいのですが

(어디가 나쁜 것인지, 지적해 주셨으면 합니다만.)

(12) お尋ねしますが, お尋ねいたしますが

(좀 여쭤보고 싶은데요, '트레비'라는 레스토랑은 없습니까?)

(13) 差し上げましょうか / 頂きます, 頂戴します

(A : 많으니까 하나 드릴까요? / B : 정말입니까? 그럼 사양 않고 받겠습니다.)

(14) いらっしゃる, お見えになる, お越しになる, おいでになる

(3시에 야마모토라는 분이 오실 예정입니다.)

(15) 存じ上げています, 存じ上げております

(사토 선생님이라면 저도 잘 압니다.)

기초**문법**

학습포인트

  일본어능력시험으로 개정된 이후, 커뮤니케이션 능력을 측정할 수 있는 N2 레벨의 문형들이 N1에서 대거 출제가 되었다. 문법의 의미보다는 문장의 구성이나 내용을 이해할 수 있는 능력을 필요로 하기 때문에 비교적 간단하다고 생각했던 조사들도 간과해서는 안 된다. 이에 본 교재의 기초 문법은 간단한 조사에서부터 N2상당의 문법까지 한 번에 학습할 수 있도록 정리해 놓았다. '연습해 봅시다'를 먼저 풀어보면서 어느 부분이 부족한지 파악한 후, 기초 문법을 학습하면 효과적이다.

조사

さえ	**의미**	① ~만 ~하면(さえ~ば·なら)(한정) ②~조차(정도)
	접속	명사(+조사) + さえ
	예문	① ~만 ~하면(さえ~ば/なら)(한정) 会社では、言われたことさえしていればいいというものではない。 회사에서는 시키는 것만 하면 되는 것은 아니다. ② ~조차(정도) 学校の勉強さえろくにできなかった私が、今では人を教える立場だ。 학교 공부조차 제대로 못했던 내가 지금은 사람을 가르치는 입장이다.
だけ	**의미**	① ~뿐, ~만(한정) ② ~만큼, ~까지(정도)
	접속	[動詞, イ形容詞, ナ形容詞, 名詞]의 명사 수식형 + だけ ★ 단, 명사는 「の」가 붙지 않는다.
	예문	① ~뿐, ~만(한정) 今から言うことは、ここだけの話にしてください。 지금부터 말하는 것은, 여기만의 이야기로 해주세요. ② ~만큼, ~까지(정도) ~만큼 舞台に立つのは初めてなのに、あれだけの演技ができるとは素晴らしい。 무대에 서는 것은 처음인데, 이렇게 연기를 잘하다니 훌륭하다. ~까지(정도) お疲れ様。今日は好きなだけ飲んでいいですよ。 수고하셨어요. 오늘은 마시고 싶은 만큼 마셔도 좋아요.

36

しか	의미	① ~밖에(しか~ない)(한정) ② ~조차(정도)
	접속	명사 + しか
	예문	① ~밖에(しか~ない)(한정) こんなこと、あなたにしか頼めません。 이런 건, 당신에게밖에 부탁할 수 없습니다. ② ~밖에(しか~ない)(정도)　★적다는 느낌 今月の売り上げは、目標の半分しか達成していない。 이번 달 매상은, 목표의 절반밖에 달성하지 못했다.
ばかり	의미	~뿐, ~만(마이너스 이미지)
	접속	[동사 て형, 명사] + ばかり
	예문	愚痴ばかり言っていると、余計疲れてしまいますよ。 불평만 하고 있으면 더 지쳐버려요.
まで	의미	① ~까지(첨가) ② ~까지(정도)
	접속	명사 + まで
	예문	① ~까지(첨가) 昨日から咳が出ていたが、どうやら熱まで出てきたようだ。 어제부터 기침이 나더니, 아무래도 열까지 나기 시작한 것 같다. ② ~까지(정도) 借金を返すために、とうとう家まで売ってしまった。 빚을 갚기 위해, 결국 집까지 팔았다.
も	의미	① ~나, ~이나(강조) ② ~도(정도)
	접속	명사 + も
	예문	① ~나, ~이나(강조) この論文には、20年以上もかけて研究した成果がまとめられている。 이 논문에는 20년 이상이나 걸려서 연구한 성과가 정리되어 있다. ② ~도(정도) あの場で、自分の考えも言えないようではだめですよ。 그곳에서 자신의 생각도 말하지 못해서는 안 됩니다.
こそ	의미	~이야말로(강조)
	접속	명사 + (に・で)こそ
	예문	彼女の主張こそ、まさに私の言いたかったことだ。 그녀의 주장이야말로 바로 내가 말하고 싶었던 것이다.

기초**문법**

でも	의미	～이나(정도), ～라도(제안 · 의지 · 희망 · 추측 등을 가볍게 제시)
	접속	명사(+ 조사) + でも
	예문	週末は、海までドライブでもしようか。 주말은 바다까지 드라이브라도 할까? 夏休みにでも一度北海道へ行ってみたい。 여름방학에라도 한번 홋카이도에 가보고싶다.
ぐらい くらい	의미	～정도, 쯤, 만큼
	접속	[동사 사전형, イ형용사い, ナ형용사な, 명사] + ぐらい
	예문	あの店の占いは、怖いくらいによく当たる。 저 가게의 점은 무서울 만큼 잘 맞는다.
など なんか なんて	의미	～따위, ～같은 것(정도)
	접속	명사 + など
	예문	病気なんかに負けてたまるものか。 병 따위에 질 성싶으냐.

● 연습해 봅시다

(1) 毎日１時間勉強する（　　　）でも、かなり実力<ruby>実力<rt>じつりょく</rt></ruby>がつく。
a. だけ　　　　　　　b. ばかり

(2) 母はいつも私（　　　）<ruby>叱<rt>しか</rt></ruby>る。
a. しか　　　　　　　b. ばかり

(3) 君は自分（　　　）よければそれでいいのか。
a. さえ　　　　　　　b. こそ

(4) <ruby>逃<rt>に</rt></ruby>げるなら今（　　　）ない。
a. しか　　　　　　　b. こそ

(5) あなたのせいで、みんなにどれ（　　　）<ruby>迷惑<rt>めいわく</rt></ruby>かけたと思ってるの。
a. ばかり　　　　　　b. だけ

(6) 毎日食べたい（　　　）食べたら太ってしまった。
a. だけ　　　　　　　b. ばかり

(7) <ruby>緊張<rt>きんちょう</rt></ruby>してまともに話すこと（　　　）できなかった。
a. こそ　　　　　　　b. さえ

(8) 試験まであと一週間（　　　）ない。
a. しか　　　　　　　b. だけ

(9) <ruby>隣<rt>となり</rt></ruby>の<ruby>物音<rt>ものおと</rt></ruby>が気になって、<ruby>一睡<rt>いっすい</rt></ruby>（　　　）できなかった。
a. こそ　　　　　　　b. も

(10) 参加することに（　　　）<ruby>意義<rt>いぎ</rt></ruby>がある。
a. ばかり　　　　　　b. こそ

(11) つい、いらないもの（　　　）買ってしまった。
a. まで　　　　　　　b. だけ

(12) 先輩は私の仕事（　　　）手伝ってくれた。
a. まで　　　　　　　b. しか

(13) 久しぶりに<ruby>髪<rt>かみ</rt></ruby>（　　　）切ろうと<ruby>美容室<rt>びようしつ</rt></ruby>に行った。
a. でも　　　　　　　b. まで

(14) おばけ（　　　）いないよね。
a. なにしろ　　　　　b. なんて

(15) 家族全員が集まるのは<ruby>盆<rt>ぼん</rt></ruby>と<ruby>正月<rt>しょうがつ</rt></ruby>（　　　）だ。
a. まで　　　　　　　b. ぐらい

정답
(1) a 매일 1시간 공부 할 뿐이라도 꽤 실력이 생긴다.
(2) b 엄마는 언제나 나만 꾸짖는다
(3) a 너는 자신만 좋으면 그걸로 되는 것이냐?
(4) a 도망치려면 지금 밖에 없다.
(5) b 당신 때문에 모두에게 얼마나 폐를 끼쳤는지 알아?
(6) a 매일 먹고 싶은 만큼 먹었더니 살쪄버렸다.
(7) b 긴장해서 제대로 말 조차 할 수 없었다.
(8) a 시험까지 앞으로 1주일 밖에 없다.
(9) b 이웃의 소리가 신경 쓰여서 한숨도 못 잤다.
(10) b 참가하는 것이야말로 의미가 있다.
(11) a 나도 모르게 필요 없는 것까지 사 버렸다.
(12) a 선배는 내 일까지 도와주었다.
(13) a 오랜만에 머리라도 자르려고 미용실에 갔다.
(14) b 귀신 따위 없지.
(15) b 가족 전원이 모이는 것은 추석과 설날 정도다.

기초문법

조사처럼 쓰는 기능어 ①

~によれば ~によると	의미	~에 의하면
	접속	명사 + によれば
	예문	消息筋によると、明日未明、臨時会合が行われるとのことです。 소식통에 의하면, 내일 새벽 임시회합이 실시된다고 합니다.
~によって ~による	의미	~에 의해, ~에 의한
	접속	명사 + によって
	예문	積立貯金の金利は、銀行だけでなく日によっても変わってくる。 적금의 금리는 은행뿐 아니라 날에 따라서도 바뀐다.
~を通じて ~を通して	의미	① ~을 통해서 ② ~에 걸쳐, ~내내
	접속	명사 + を通じて
	예문	①その本は、インターネットのあるサイトを通じて有名になった。 그 책은 인터넷의 한 사이트를 통해서 유명해졌다. ②このレストランでは、四季を通じてさまざまな食材を使った料理が楽しめる。 이 레스토랑에서는 사계절 내내 다양한 식재료를 사용한 요리를 즐길 수 있다.
~から	의미	~(으)로(원인·가정·유래)
	접속	명사 + から
	예문	大雨から、床上浸水が生じた。 큰비로 마루 위까지 침수가 발생했다.
~にあたって	의미	~을/를 맞이해서, ~함에 있어서
	접속	[동사 사전형, 명사] + にあたて
	예문	入学にあたっての決意をみんなの前で述べる。 입학을 맞이해서 모두 앞에서 결의를 말한다.
~において ~における	의미	~에서, ~에 있어서
	접속	명사 + において
	예문	文書作成において注意する点はなんでしょうか。 문서작성에 있어서 주의할 점은 무엇인가요?
~に際して	의미	~함에 있어서, ~할 때, ~에 즈음하여
	접속	[동사 사전형, 명사] + に際して
	예문	新制度の実施に際して、関係者への事前説明会が開かれた。 새로운 제도의 실시에 즈음하여, 관계자를 대상으로 사전 설명회가 열렸다.

～にわたって (～にわたる)	의미	～에 걸쳐서
	접속	명사 + にわたって
	예문	年末セールは、約2週間にわたって開催される。 연말 세일은 약 2주간에 걸쳐서 개최된다.
～から～にかけて	의미	～부터 ～에 걸쳐서
	접속	명사 + から～ 명사 + にかけて
	예문	環境を守るための取り組みが、6月から7月にかけて全国で行われた。 환경을 지키기 위한 대처가 6월부터 7월에 걸쳐서 전국에서 행해졌다.
～に対して (～に対する)	의미	～에 대해서(～을 향해), ～에 대한 ★행위나 감정이 향하는 대상을 말한다.
	접속	명사 + に対して
	예문	先生に対して、そんな口の利き方をしてはいけない。 선생님에 대해서 그런 말투를 해서는 안 된다.
～について ～に関して (～に関する)	의미	～에 관해서, ～에 관한 ★사고관계 (話す, 聞く, 調べる, 説明する 등)의 주제를 말한다.
	접속	명사 + について
	예문	私は、江戸時代の庶民の暮らしについて関心があります。 나는 에도시대 서민의 생활에 대해서 관심이 있습니다.
～をめぐって	의미	～을 둘러싸고
	접속	명사 + をめぐって
	예문	トップの座をめぐって、熱い戦いが繰り広げられた。 톱의 자리를 둘러싸고 열전이 펼쳐졌다.
～に応えて	의미	～에 따라서, ～에 응해서
	접속	명사 + に応えて
	예문	親の期待に応えて、一流大学に入った。 부모의 기대에 부응해서 일류 대학에 들어갔다.

기초문법

● 연습해 봅시다

(1) 大雨( )河川の増水で大きな被害が
出た。

   a. による   b. によると

(2) 芸術家は作品( )感動を伝える。

   a. を通して   b. の上では

(3) 噂( )二人はもうすぐ結婚するらし
い。

   a. につれて   b. によると

(4) たまたま席が隣だったこと( )二人
は親友になった。

   a. から   b. からこそ

(5) 東京都では公共施設( )バリアフリ
ー化を推進している。

   a. における   b. にして

(6) 留学する( )注意すべき点がいくつ
かある。

   a. にあって   b. にあたって

(7) 今回の契約( )色々苦労がありまし
た。

   a. に際しては   b. のわりには

(8) 肩から腰( )ひどく痛む。

   a. にかけて   b. につれて

(9) 彼は4時間( )手術の結果、無事生
還した。

   a. にわたる   b. にかかる

(10) 今は辛くても一生( )みればたいし
たことではないのかもしれない。

   a. を通して   b. をめぐって

(11) この件( )何か意見はありません
か。

   a. に関して   b. に応えて

(12) 彼の実績( )上司の評価は思ったほ
ど良くなかった。

   a. によって   b. に対する

(13) 選手たちは観客の声援( )手を振っ
た。

   a. に応えて   b. において

(14) 遺産( )話し合いは、なんの合意も
得られずに終わった。

   a. をめぐる   b. に対する

정답   (1) a 호우로 인한 하천 증수로 큰 피해가 생겼다.
      (2) a 예술가는 작품을 통해서 감동을 전한다.
      (3) b 소문에 의하면 두 사람은 곧 결혼한다고 한다.
      (4) a 마침 자리가 옆이어서 두 사람은 친구가 되었다.
      (5) a 도쿄도에서는 공공시설에 있어서 배리어프리(장벽 없는 사회)화를 추진하고 있다.
      (6) b 유학함에 있어서 주의해야 할 점이 몇 가지 있다.
      (7) a 이번 계약 때는 여러 가지 힘들었습니다.
      (8) a 어깨부터 허리에 걸쳐서 심하게 아프다

      (9) a 그는 4시간에 걸친 수술 결과 무사히 되살아났다.
     (10) a 지금은 힘들더라도 일생을 통해서 보면 대수롭지 않은 일 일지도 모른다
     (11) a 이 건에 관해서 무언가 의견은 없습니까?
     (12) b 그의 실적에 대한 상사의 평가는 생각만큼 좋지 않았다.
     (13) a 선수들은 관객의 성원에 응하여 손을 흔들었다.
     (14) a 유산을 둘러싼 대화는 아무런 합의도 얻지 못하고 끝났다.

조사처럼 쓰는 기능어 ②

～に限（かぎ）らず ～のみならず	의미	～만으로 한정하지 않고, ～뿐만 아니라 ★「～のみならず」는 딱딱한 표현이다.
	접속	명사 + に限（かぎ）らず
	예문	日本（にほん）に限（かぎ）らず、このごろは韓国（かんこく）でも即戦力（そくせんりょく）になる人材（じんざい）を求（もと）める傾向（けいこう）がある。 일본뿐만 아니라, 요즘은 한국에서도 실전에 바로 투입될 수 있는 인재를 추구하는 경향이 있다.
～上（うえ）(に)	의미	(～와 같은 것이 더 더해져서) 게다가 더, 더욱더
	접속	[동사, イ형용사, ナ형용사, 명사]의 명사수식형 + 上（うえ）に
	예문	山田（やまだ）さんは頭（あたま）がいい上（うえ）に、性格（せいかく）もいい。 야마다 씨는 머리가 좋은데다가 성격도 좋다.
～ばかりでなく ～ばかりか	의미	～뿐만 아니라(거기에 더해)
	접속	[동사, イ형용사, ナ형용사, 명사]의 명사 수식형 + ばかりでなく ★단, 명사는 「の」가 붙지 않는다
	예문	彼女（かのじょ）は英語（えいご）ばかりか日本語（にほんご）も上手（じょうず）だ。 그녀는 영어뿐만 아니라 일본어도 능숙하다.
～に基（もと）づいて (～に基（もと）づく)	의미	～에 입각하여(～을 기준으로 해서), ～에 입각한
	접속	명사 + に基（もと）づいて
	예문	あのドラマは実際（じっさい）起（お）きた事件（じけん）に基（もと）づいている。 저 드라마는 실제로 일어났던 사건을 바탕으로 하고 있다.
～をもとに(して)	의미	～을 소재로 사용해서(作（つく）る・できる・書（か）く 등)
	접속	명사 + をもとに(して)
	예문	小林（こばやし）さんのアイディアをもとにして、企画書（きかくしょ）を作（つく）ってみました。 코바야시 씨의 아이디어를 소재로 기획서를 만들어 봤습니다.
～のもとで	의미	～의 아래에서, ～하에
	접속	명사 + のもとで
	예문	私（わたし）は山田課長（やまだかちょう）のもとで新人時代（しんじんじだい）を過（す）ごし、仕事（しごと）を覚（おぼ）えた。 나는 야마다 과장님의 밑에서 신입시절을 보내며 일을 배웠다.
～に沿（そ）って (～に沿（そ）った)	의미	～에 따라서, ～에 따른
	접속	명사 + に沿（そ）って
	예문	試合（しあい）は日程表（にっていひょう）に沿（そ）って行（おこな）われる。 시합은 일정표에 따라서 실시된다.

~はさておき ~はともかく	의미	~은 일단 제쳐두고, ~은/는 차치하고
	접속	명사 + はさておき
	예문	冗談(じょうだん)はさておき、本題(ほんだい)に入(はい)りましょうか。 농담은 제쳐두고 본제로 들어갈까요?
~を問(と)わず ~にかかわらず ~にかかわりなく	의미	~을 불문하고, ~와 관계없이, ~와는 무관하게
	접속	명사 + を問(と)わず, にかかわらず
	예문	理由(りゆう)の如何(いかん)にかかわらず、返品(へんぴん)は受(う)け付(つ)けておりません。 이유여하를 불문하고 반품은 접수받지 않습니다.
~もかまわず	의미	~도 개의치않고, ~도 아랑곳하지 않고, ~도 신경쓰지 않고
	접속	명사(に), 동사の(に) + もかまわず
	예문	彼(かれ)は、髪(かみ)や服(ふく)が濡(ぬ)れるのもかまわず、雨(あめ)の中(なか)を走(はし)っていった。 그는 머리카락이나 옷이 젖는 것도 신경 쓰지 않고 빗속을 달려갔다.
~は別(べつ)として	의미	~은 예외로 생각하고
	접속	명사 + は別(べつ)として
	예문	結果(けっか)がどうなるかは別(べつ)として、とにかくやれるだけのことをやってみよう。 결과가 어떻게 될지는 나중에 생각하고, 일단 할 수 있는 만큼은 해보자.

● 연습해 봅시다

(1) この会社は給料が(　　)残業もない。
　　a. 高い上に　　　　b. 高いから

(2) 彼は仕事ができる(　　)、人間関係も良好だ。
　　a. ばかりでなく　　b. ばかりに

(3) この商品は国内(　　)海外でも人気を博しています。
　　a. の上に　　　　　b. のみならず

(4) この資料(　　)報告書を作成してください。
　　a. をもとに　　　　b. のもとで

(5) 当社は「顧客第一主義」という理念(　　)営業活動をしています。
　　a. のもとで　　　　b. を通じて

(6) お客様のご希望(　　)観光コースをご紹介します。
　　a. に沿った　　　　b. における

(7) 針治療は東洋医学(　　)治療法である。
　　a. に基づく　　　　b. に応えた

(8) 上手い下手(　　)、参加することに意義がある。
　　a. にかかわらず　　b. もかまわず

(9) 隣の人は夜遅いの(　　)大音量で音楽を聴いている。
　　a. はさておき　　　b. もかまわず

(10) 一部の金持ち(　　)家より高価な絵を買う人などいないだろう。
　　a. に限らず　　　　b. は別として

(11) 性格(　　)、顔とスタイルは抜群にいい。
　　a. はさておき　　　b. を問わず

정답　(1) a 이 회사는 월급이 많은 데다 야근도 없다.
　　　(2) a 그는 일을 잘할 뿐만 아니라 인간관계도 좋다.
　　　(3) b 이 상품은 국내뿐 아니라 해외에서도 인기를 얻고 있습니다.
　　　(4) a 이 자료를 기초로 보고서를 작성해 주세요.
　　　(5) a 당사는 '고객 제일주의'라는 이념 하에 영업활동을 하고 있습니다.
　　　(6) a 고객의 희망에 따른 관광 코스를 소개합니다.
　　　(7) a 침 치료는 동양의학에 바탕을 둔 치료법이다.
　　　(8) a 잘하고 못하고는 관계없이 참가하는 것에 의의가 있다.
　　　(9) b 옆집 사람은 밤이 늦어도 개의치 않고 큰 음량으로 음악을 듣고 있다.
　　　(10) b 일부 부자는 별개로 치고, 집보다 고가의 그림을 사는 사람 따위 없을 것이다.
　　　(11) a 성격은 제쳐두고 얼굴과 스타일은 빼어나게 좋다.

기초문법

조사처럼 쓰는 기능어 ③

~からすると ~からすれば ~からして	의미	~의 입장에서 본다면, ~로 봐서
	접속	명사 + からすると
	예문	上司からすれば不真面目な部下は気に入らないものだ。 상사의 입장에서 보면, 불성실한 부하는 마음에 들지 않는 법이다.
~にとって	의미	~에게 있어서
	접속	명사 + にとって
	예문	ペットは私にとって家族のような存在だ。 애완동물은 나에게 있어서 가족과 같은 존재이다.
~にしたら ~にすれば	의미	~에게는, ~의 입장에서는
	접속	명사 + にしたら / にすれば
	예문	良かれと思ってしたことだが、彼にすればいい迷惑だったに違いない。 잘 되라고 생각해서 한 것이지만, 그의 입장에서는 달갑지 않았음에 틀림없다.
~として	의미	(~의 입장, 자격, 명목)으로서
	접속	명사 + として
	예문	彼女は、先月中途採用として入社した。 그녀는 지난달 경력직 채용으로 입사했다.
~の上で(は)	의미	~상으로(는), ~에 있어서(는)
	접속	명사 + の + 上で
	예문	書類の上では完璧でも、現場では常に予期せぬことが起こりうる。 서류상으로는 완벽해도 현장에서는 항상 예기치 못한 일이 일어날 수 있다.
~次第だ	의미	~하는 바이다, ~인 까닭이다
	접속	[동사, イ형용사, ナ형용사]의 명사수식형 + 次第だ
	예문	まずは課長の意見を伺いたいと思い、ご連絡した次第です。 우선은 과장님의 의견을 여쭙고 싶어서 연락드리는 바입니다.
~次第で(は) ~次第だ	의미	~에 따라서, ~에 달렸다
	접속	명사 + 次第で
	예문	商品の売れ行きは、営業戦略次第でどうにでもなる。 상품의 팔림새는 영업전략에 따라 어떻게든 된다. 明日の試合で勝てるかどうかはあなた次第だ。 내일 시합에서 이길 수 있을지 여부는 너에게 달렸다.

~に応じて (~に応じた)	의미	(~이 바뀌면 거기에 대응해서) ~에 따라서, ~에 따른
	접속	명사 + に応じて
	예문	消費税とは、購入した金額に応じて支払う税金のことだ。 소비세란, 구입한 금액에 따라 지불하는 세금이다.
~によって	의미	~에 따라서
	접속	명사 + によって
	예문	学校によって、授業料や授業内容が変わってくる。 학교에 따라서 수업료나 수업내용이 달라진다.
~によっては	의미	(~의 한 예를 들어서 말하면…) ~에 따라서는
	접속	명사 + によっては
	예문	大切にしていたものですが、条件によってはお譲りしてもいいですよ。 소중히 했던 것이지만, 조건에 따라서는 양보해도 좋습니다.
~ともなると ~ともなれば	의미	~되면 당연히, ~정도면
	접속	명사 + ともなると / ともなれば
	예문	大企業ともなると、就職希望者の数は中小企業の比ではない。 대기업 정도면, 취직희망자 수는 중소기업과는 비교도 안 된다.
~にしては	의미	(예상했던 것과는 다르게) ~치고는
	접속	[동사, イ형용사, ナ형용사, 명사]의 보통형 + にしては ★단, ナ형용사와 명사는 「だ」가 붙지 않는다.
	예문	半年しか留学をしなかったにしては、ずいぶん発音がきれいだ。 반년밖에 유학을 하지 않았던 것치고는 꽤 발음이 정확하다.
~だけあって	의미	(과연) ~인 만큼
	접속	[동사, イ형용사, ナ형용사, 명사]의 명사 수식형 + だけあって ★단, 명사는 「の」가 붙지 않는다.
	예문	さすが専門店だけあって、何でも揃っている。 과연 전문점인 만큼 뭐든 갖추어져 있다.
~わりに(は)	의미	~에 비해서는, ~치고는
	접속	[동사, イ형용사, ナ형용사, 명사]의 명사 수식형 + わりには
	예문	遊園地には行きたがらなかったわりには、意外と楽しそうにしている。 유원지에 가고 싶어 하지 않았던 것에 비해서는 의외로 즐거워하는 것 같다.

● 연습해 봅시다

(1) 韓国人(　　　)日本語は学びやすい言葉
だろう。
a. にとって　　　　b. の上では

(2) 社会人(　　　)責任ある行動をするべき
だ。
a. にとって　　　　b. として

(3) 経験豊富な父(　　　)、私の悩みなど
たいしたことはないのだろう。
a. からすれば　　　b. としては

(4) 彼の才能(　　　)、歌手としてデビュー
するのも夢ではない。
a. そして　　　　　b. からすると

(5) 足が不自由な人(　　　)、歩道や駅の段
差は本当に不便だろう。
a. にすれば　　　　b. として

(6) 成績(　　　)私のほうが彼に勝ってい
る。
a. にしたら　　　　b. の上では

(7) 同じ絵でも見る人(　　　)受ける印象が
違います。
a. によって　　　　b. にしては

(8) その店はいつも混んでいる。日(　　　)
行列が駅まで続いている。
a. によって　　　　b. によっては

(9) 会員登録をすると購入金額(　　　)ポイ
ントがつく。
a. によっては　　　　b. に応じて

(10) 考え方(　　　)人生は楽しくなる。
a. 次第で　　　　　b. に応じて

(11) 今後のリハビリ(　　　)、歩ける可能性
もあります。
a. に応じて　　　　b. 次第では

(12) 父は年(　　　)老けて見える。
a. のわりに　　　　b. だけあって

(13) 彼はよく食べる(　　　)それほど太って
いない。
a. わりには　　　　b. だけあって

(14) 用意周到な彼(　　　)めずらしいミス
だ。
a. にしては　　　　b. ともなると

(15) 連休(　　　)どこも混雑している。
a. わりには　　　　b. ともなると

(16) 理事(　　　)人前で話をする機会も増え
るだろう。
a. だけあって　　　　b. ともなれば

정답   (1) a 한국인에게 있어서 일본어는 배우기 쉬운 말일 것이다.

(2) b 사회인으로서 책임 있는 행동을 해야 한다.

(3) a 경험이 풍부한 아버지 입장에서 보면 내 고민 따위 대수롭지 않은 것일 것이다.

(4) b 그의 재능으로 본다면 가수로서 데뷔하는 것도 꿈은 아니다.

(5) a 다리가 불편한 사람에게는 보도나 역의 턱은 정말로 불편할 것이다.

(6) b 성적에 있어서는 내가 그보다 우수하다.

(7) a 같은 그림이라도 보는 사람에 따라서 받는 인상이 다릅니다.

(8) b 그 가게는 언제나 붐빈다. 날에 따라서는 행렬이 역까지 이어진다.

(9) b 회원 등록을 하면 구입금액에 따라 포인트가 붙는다.

(10) a 사고방식에 따라 인생은 즐거워 진다.

(11) b 앞으로 재활치료에 따라서는 걷게 될 가능성도 있습니다.

(12) a 아버지는 나이에 비해서 늙어 보인다.

(13) a 그는 잘 먹는 것에 비해서는 그렇게 뚱뚱하지 않다.

(14) a 용의주도한 그로서는 드문 실수다.

(15) b 연휴인 만큼 어디도 혼잡하다.

(16) b 이사쯤 되면 사람들 앞에서 이야기 할 기회도 늘어날 것이다.

기초**문법**

때를 가리키는 표현

~際(は/に)	의미	~때(=とき) ★격식있는 자리에서 사용한다.
	접속	[동사 사전형 · た형, 명사の] + 際(に)
	예문	取引先の会社を訪問する際は、アポイントを取ったほうがいい。 거래처 회사를 방문할 때는 약속을 하는 것이 좋다.
~につけて	의미	~할 때마다
	접속	동사 사전형 + につけて
	예문	あのことは忘れてしまいたいのに、何かにつけて思い出してしまう。 그 일은 잊어버리고 싶은데, 걸핏하면 생각이 난다.
~たびに	의미	~때마다
	접속	[동사 사전형, 명사の] + たびに
	예문	彼女は私が訪ねていくたびに、手料理を作ってもてなしてくれた。 그녀는 내가 방문할 때마다 직접 요리를 만들어서 대접해주었다.
~折(に)	의미	~때(에), ~기회(에) ★약간 격식있는 장면에서 사용한다.
	접속	[동사 사전형 · た형, 명사の] + 折(に)
	예문	またお目にかかりました折には、どうぞよろしくお願いいたします。 또 뵐 때는, 아무쪼록 잘 부탁드립니다.
~うちに	의미	① ~동안에 ② ~하기 전에, ~동안에
	접속	동사사전형 · ない형ーない イ형용사い ナ형용사な 명사の + うちに
	예문	① ~동안에 日本のドラマを見ているうちに聞きとれるようになった。 일본 드라마를 보는 동안에 일본어를 잘 들을 수 있게 됐다. ② (나중에는 실현하기 어려우니까) ~전에, ~동안에 暗くならないうちに家に帰りましょう。 어두워지기 전에 집에 갑시다.
~最中(に)	의미	한창 ~하고 있을 때(에)
	접속	[동사 ている형, 명사の] + 最中に
	예문	授業の最中に誰かの携帯電話が鳴った。 한창 수업 중인데 누군가의 휴대전화가 울렸다.

~た上で	의미	우선 ~한 다음에, ~한 후에
	접속	동사 た형 + 上で
	예문	まずは詳細をしっかりと把握した上で、私の見解を述べたいと思います。 우선은 상세를 확실히 파악한 후에, 제 견해를 말하고 싶습니다.
~てからでないと ~てからでなければ	의미	~한 후가 아니면, ~하지 않으면
	접속	동사 て형 + からでないと
	예문	こちらは、ログインしてからでないとご使用になれません。 이쪽은 로그인 하지 않으면 사용하실 수 없습니다.
~に先立って	의미	(준비를 위해) ~하기 전에, 미리
	접속	동사 사전형, 명사 + に先立って
	예문	開発工事に先立って、地域住民との話し合いが行われた。 개발 공사에 앞서, 지역 주민들과의 대화가 열렸다.
①~てからは ②~て以来	의미	① ~하고 부터는 ② ~한 이래
	접속	동사 て형 + からは
	예문	ここにカフェができてからは、毎日のように通っている。 이곳에 카페가 생기고부터는 매일같이 다니고 있다.
~てはじめて	의미	~하고 나서 비로소
	접속	동사 て형 + はじめて
	예문	彼がいなくなってはじめて、彼の存在がいかに大きかったか気づいた。 그가 떠나고 나서야 비로소, 그의 존재가 얼마나 컸는지 깨달았다.
~次第	의미	~되는대로, ~하는 즉시
	접속	동사 ます형 + 次第
	예문	詳しいことが分かり次第、すぐに連絡してください。 자세한 것을 알게 되는 즉시, 바로 연락해 주세요.
~か~ないかのうちに	의미	~하자마자
	접속	[동사 사전형·た형] + か + [동사 ない형] + ないかのうちに
	예문	彼女はグラスが空いたか空かないかのうちに、次の飲み物を注文した。 그녀는 잔이 비자마자 다음 마실 것을 주문했다.

기초문법

～かと思うと ～かと思ったら	의미	～했다고 생각하는 순간, ～하자마자
	접속	동사 た형 + かと思うと
	예문	一つ終わったかと思ったら、すぐまた次の仕事を任された。 하나 끝냈다고 생각하자마자 바로 또 다음 일을 맡게 되었다.
～たとたん	의미	～와 동시에, ～하자마자
	접속	동사 た형 + とたん
	예문	スケートリンクに足を踏み入れたとたん、派手に転んでしまった。 스케이트 링크에 발을 들이자마자 요란스럽게 넘어져버렸다.

● 연습해 봅시다

(1) 山本先生には以前入院した(　　)大変
お世話になりました。
　　a. 際に　　　　　　b. 折に

(2) タイへ出張の(　　)、工場長のお宅に
招待された。
　　a. 中　　　　　　b. 折

(3) 彼は旅行にいく(　　)私にお土産を買
ってきてくれる。
　　a. たびに　　　　b. につけて

(4) その曲を聴く(　　)感動して涙が出る。
　　a. うちに　　　　b. につけて

(5) 彼女と話をしている(　　)共通の友人
がいることがわかった。
　　a. うちに　　　　b. 最中に

(6) 食事をしている(　　)来客があった。
　　a. うちに　　　　b. 最中に

(7) 若い(　　)色んな経験をしておく
といいですよ。
　　a. うちに　　　　b. 最中に

(8) 講演会に(　　)会場の点検を行った。
　　a. 先立って　　　b. につけて

(9) 自分が子供を持っ(　　)親の気持ちが
理解できた。
　　a. てはじめて　　b. た上で

(10) KTXが開通し(　　)、ずいぶん便利に
なった。
　　a. て以来　　　　b. てはじめて

(11) 両者の言い分をよく聞い(　　)判断してください。
　　a. て以来　　　　b. た上で

(12) 宿題が終わっ(　　)遊びに行ってはいけません。
　　a. てからでないと
　　b. てからは

(13) 彼女が来(　　)部屋の雰囲気が明るくなった。
　　a. たか来ないかのうちに
　　b. たとたん

(14) 昼ご飯を食べた(　　)、もう夕飯の話をしている。
　　a. かと思ったら　　b. とたん

(15) 夜が明けるか(　　)出発した。
　　a. 明けないかのうちに
　　b. と思うと

(16) 詳しい内容が (　　)、ご報告いたします。
　　a. わかり次第　　　b. わかったとたん

조건

~ないことには	의미	~하기 전에는, ~하지 않고서는
	접속	[동사 ない형, イ형용사く, ナ형용사で, 명사で] + ないことには
	예문	視点を変えないことには、新しい発想は生まれない。 시점을 바꾸지 않고서는, 새로운 발상은 생겨나지 않는다.
~ものなら	의미	(가능성은 작지만) 만약에 ~라면
	접속	[동사 사전형·가능형] + ものなら
	예문	帰れるものなら、すぐにでも国に帰りたい。 돌아갈 수 있다면 당장이라도 고국으로 돌아가고 싶다.
~(よ)うものなら	의미	(만약에) ~라도 했다가는, ~하기라도 하면
	접속	동사 의지형 + ものなら
	예문	祖父が大事にしている置物に少しでも触れようものなら、ひどく叱られてしまう。 할아버지가 애지중지하는 장식품을 조금이라도 만지기라도 하면 호되게 혼이 난다.
~としたら ~とすれば ~とすると	의미	만약 ~라고 하다면
	접속	[동사, イ형용사, ナ형용사, 명사]의 보통형 + としたら
	예문	引っ越すとすれば、住所変更の手続きはどうしたらいいんでしょう。 이사하려고 하면 주소변경 수속은 어떻게 하면 좋을까요?
~にしても ~にしろ ~にせよ	의미	~라고 해도, ~라고 하더라도
	접속	[동사, イ형용사, ナ형용사, 명사]의 보통형 + にしても ★ナ형용사와 명사의「だ」는 붙지 않는다. [ナ형용사, 명사 + である]의 형태가 사용될 때도 있다.
	예문	時間がかかるにせよ、真相は必ず明らかにされるであろう。 시간이 걸리더라도 진상은 반드시 밝혀질 것이다.
~たところで	의미	~한다고 해도, ~해 봤자 (좋은 결과는 기대할 수 없다)
	접속	동사 た형 + ところで
	예문	写真を見たところで、その人の性格が分かるわけがない。 사진을 본다고 해도 그 사람의 성격을 알 수는 없다.
~としても	의미	만약 ~라고 해도, 만약 ~하더라도
	접속	[동사, イ형용사, ナ형용사, 명사]의 보통형 + としても
	예문	たとえやせるとしても、私はダイエットの薬は飲まない。 만약 살이 빠진다고 해도 나는 다이어트 약은 먹지 않겠다.

~(よ)うと ~(よ)うが	의미	~하더라도, ~든지 말든지

	접속	동사 의지형 + が

	예문	両親が何と言おうが、私は留学するつもりだ。 부모님이 뭐라 해도 나는 해외 유학을 갈 작정이다.

~といっても	의미	~라고는 해도

	접속	[동사, イ형용사, ナ형용사, 명사]의 보통형 + といっても

	예문	日本語ができるといっても、日常会話ができる程度です。 일본어를 할 수 있다고는 해도 일상회화가 가능한 정도입니다.

~ながら	의미	~(이)지만…, ~(으)나…

	접속	┌ 동사 ます형・ない형–ない ┐ イ형용사い ナ형용사어간 └ 명사 ┘ + ながら

	예문	我ながら、よくできたと思う。 나 스스로도 잘했다고 생각한다.

~にもかかわらず	의미	~임에도 불구하고

	접속	[동사, イ형용사, ナ형용사, 명사]의 보통형 + にもかかわらず

	예문	急なお願いにもかかわらず、彼女は快く引き受けてくれた。 갑작스런 부탁에도 불구하고 그녀는 흔쾌히 들어주었다.

~ものの	의미	~이기는 하지만, ~하기는 했지만

	접속	[동사, イ형용사, ナ형용사]의 명사 수식형 + ものの ★ 「~とはいうものの」의 형태도 자주 쓰인다. 　 특히, 명사는 [명사] + とはいうものの의 형태밖에 쓰이지 않는다.

	예문	うちは裕福ではないものの、生活するには困っていない。 우리 집은 유복하지는 않지만, 생활하는데 어려움은 없다.

~からといって	의미	~라고 해서

	접속	[동사, イ형용사, ナ형용사, 명사]의 보통형 + からといって

	예문	パソコン関係の仕事をしているからといって、パソコンのことが全て分かるわけではない。 컴퓨터 관계 일을 하고 있다고 해서 컴퓨터에 관해 전부 아는 것은 아니다.

기초문법

● 연습해 봅시다

(1) 引っ越す(　　)空気のきれいなところ
　　がいい。
　　a. に先立って　　　b. としたら

(2) 検査の結果が出(　　)、診断できませ
　　ん。
　　a. ないことには　　b. ようものなら

(3) 戻れる(　　)学生時代に戻りたい。
　　a. ことには　　　　b. ものなら

(4) 寝ているところを起こそ(　　)怒り出
　　すに違いない。
　　a. うものなら　　　b. うとすると

(5) ここにいる全員が行く(　　)私は行き
　　たくありません。
　　a. ところで　　　　b. としても

(6) 謝っ(　　)、許される問題ではない。
　　a. たところで　　　b. たとしたら

(7) 悪気はなかった(　　)、相手を傷つけ
　　たことには変わりない。
　　a. としたら　　　　b. にせよ

(8) 彼はどんなに笑われ(　　)気にもしな
　　い。
　　a. ようと　　　　　b. たとしたら

(9) このラジオは小型(　　)性能がいい。
　　a. ながら　　　　　b. にしろ

(10) 彼はあまり体格のいいほうではない
　　(　　)、大変力持ちだ。
　　a. もので　　　　　b. ものの

(11) あの政治家は秘書が逮捕された(　　)、
　　何の釈明もしない。
　　a. からといって　　b. にもかかわらず

(12) 彼は若い(　　)経験は実に豊富です。
　　a. といっても　　　b. としても

(13) 時間がない(　　)、適当に仕事をする
　　わけにはいきません。
　　a. からといって　　b. にもかかわらず

정답　(1) b 이사한다면 공기가 깨끗한 곳이 좋다.
　　　(2) a 검사 결과가 나오지 않으면 진단할 수 없습니다.
　　　(3) b 돌아갈 수 있다면 학창 시절로 돌아가고 싶다.
　　　(4) a 자고 있는데 깨운다면 틀림없이 화낼 것이다.
　　　(5) b 여기에 있는 전원이 간다고 해도 나는 가고 싶지
　　　　　　않습니다.
　　　(6) a 사과해 보았자 용서받을 수 있는 문제가 아니다.
　　　(7) b 악의는 없었다고 해도 상대에게 상처를 준 것에는
　　　　　　변함이 없다.

　　　(8) a 남이 아무리 비웃어도 그는 신경도 안 쓴다.
　　　(9) a 이 라디오는 소형이지만 성능이 좋다.
　　　(10) b 그는 체격이 아주 좋은 편은 아니지만 굉장히 힘이 세다.
　　　(11) b 그 정치가는 비서가 체포되었음에도 불구하고 아무런 해명
　　　　　　도 하지 않는다.
　　　(12) a 그는 젊다고는 해도 경험은 실로 풍부합니다.
　　　(13) a 시간이 없다고 해서 적당히 일을 할 수는 없습니다.

원인, 이유

~おかげで ~せいで	의미	~덕분에(좋은 결과 : ~おかげで), ~때문에(나쁜 결과 : ~せいで)
	접속	[동사, イ형용사, ナ형용사, 명사]의 명사 수식형 + おかげで/せいで
	예문	山田さんのおかげで、なんとか危機を乗り越えられました。 야마다 씨 덕분에 어떻게든 위기를 극복할 수 있었습니다.
~だけに	의미	~이기에, ~인 만큼
	접속	[동사, イ형용사, ナ형용사, 명사]의 명사 수식형 + だけに ★단, 명사는 「の」를 붙이지 않는다
	예문	期待していなかっただけに、当選したと聞いたときには驚いた。 기대하지 않았었기에, 당선되었다고 들었을 때는 놀랐다.
~もので ~ものだから	의미	~해서, ~때문에, ~인 까닭에, ~은/는 바람에
	접속	[동사, イ형용사, ナ형용사, 명사]의 명사 수식형 + もので/ものだから
	예문	気弱なもので、強く言われると言い返せないんですよ。 마음이 약해서 강하게 말하면 대꾸를 못해요.
~あまり	의미	너무 ~한 나머지
	접속	[동사 사전형·た형, ナ형용사な, 명사の] + あまり
	예문	驚きのあまり、しばらくの間、口も利けなかった。 너무 놀란 나머지 잠깐 동안 말도 하지 못했다.
~ことだし	의미	~하고 있고, ~하기도 하고
	접속	[동사, イ형용사, ナ형용사, 명사]의 명사 수식형 + ことだし
	예문	仕事も一段落ついたことだし、今日はおいしいものでも食べに行きましょうか。 일도 일단락 되었고, 오늘은 맛있는 거라도 먹으러 갈까요?
~ばかりに	의미	~한 탓에, ~때문에
	접속	[동사, イ형용사, ナ형용사, 명사]의 명사 수식형 + ばかりに ★단, [명사-の]는 [명사-である]가 된다. 　[な형용사-である]도 사용한다.
	예문	油断したばかりに、できたはずの問題を間違えてしまった。 방심한 탓에 풀 수 있었던 문제를 틀려 버렸다.

～ところを見^みると	의미	～인 것을 보면
	접속	[동사 사전형・た형・ている형] [イ형용사い] + ところを見^みると
	예문	昨日^{きのう}の会議^{かいぎ}について話^{はなし}をしないところを見^みると、どうやらうまくいかなかったようだ。 어제 회의에 대해서 이야기를 하지 않는 것을 보면 아무래도 잘 안된 것 같다.
①～からには ②～以上^{いじょう}(は) ③～上^{うえ}は	의미	～한 이상은
	접속	① [동사, イ형용사, ナ형용사, 명사]의 명사 수식형 + からには ② [동사, イ형용사, ナ형용사, 명사]의 명사 수식형 + 以上^{いじょう}は 　★단, ナ형용사와 명사는 「である」를 사용한다. ③ [동사 사전형・た형] + 上^{うえ}は
	예문	① やると言^いったからには(以上^{いじょう}は)、どんなことがあってもやり遂^とげなくては。 하겠다고 한 이상, 어떤 일이 있어도 끝까지 하지 않으면 안된다. ② 先生^{せんせい}になると決^きめた上^{うえ}は苦^{くる}しくても頑張^{がんば}らなければならない。 선생님이 되겠다고 결정한 이상, 괴로워도 열심히 해야한다.
～に伴^{ともな}って	의미	～함에 따라서, ～하면서 ★격식차린 표현, 문장체
	접속	[동사 사전형, 명사] + に伴^{ともな}って
	예문	働^{はたら}く女性^{じょせい}が増^ふえるに伴^{ともな}って、初婚年齢^{しょこんねんれい}が上^あがってきた。 일하는 여성이 늘어나면서, 초혼 연령이 올라갔다.
～につれて ～に従^{したが}って	의미	～함에 따라서, ～함에 따라
	접속	[동사 사전형, 명사] + につれて/に従^{したが}って
	예문	年齢^{ねんれい}が上^あがるにつれて、交友関係^{こうゆうかんけい}の幅^{はば}が広^{ひろ}がってきた。 나이가 들어감에 따라 교우관계의 폭이 넓어졌다.
～ば～ほど	의미	～하면 ～할수록
	접속	[동사-ば + 동사 사전형 イ형용사-ければ + イ형용사い ナ형용사-なら・であれば + ナ형용사な・である 명사-なら・であれば+명사-である] + ほど
	예문	語学^{ごがく}の勉強^{べんきょう}は、やればやるほど楽^{たの}しくなる。 어학 공부는 하면 할수록 즐거워진다.
～とともに	의미	～와/과 함께 ★문장체
	접속	[동사 사전형, 명사] + とともに
	예문	留学^{りゅうがく}の経験^{けいけん}は、語学力^{ごがくりょく}をつけるとともに、世界^{せかい}を広^{ひろ}げるのにもよい。 유학 경험은 어학 실력의 향상과 함께 세계를 넓히는 데에도 좋다.

(1) 仕事を辞めて毎日暇な(　　　)、遊び歩いているんです。
a. だけで 　　　　b. もので

(2) 山田さんが手伝ってくれた(　　　)、仕事が早く終わりました。ありがとう。
a. おかげで 　　　b. ばかりに

(3) 台風の(　　)運動会が中止になった。
a. おかげで 　　b. せいで

(4) 恐ろしさの(　　)動けなかった。
a. あまり 　　　　b. おかげで

(5) 面白いドラマだった(　　)終わってしまって残念だ。
a. だけに 　　　　b. せいで

(6) お金もない(　　　)、旅行するのはやめよう。
a. ことだし 　　　b. ばかりに

(7) 薬を飲まなかった(　　)風邪をこじらせた。
a. あまり 　　　　b. ばかりに

(8) 見栄を(　　)つまらないうそをついた。
a. 張りたいことだし
b. 張りたいばかりに

(9) 彼に任せた(　　　)、余計な口出しはしないつもりだ。
a. 以上 　　　　　b. もので

(10) 課長の機嫌がよくない(　　　)、取引先との話し合いがうまくいかなかったに違いない。
a. ところを見ると　b. ことだし

(11) 問題が(　　)難しいほどワクワクする。
a. 難しいと 　　　b. 難しければ

(12) 階級が上がる(　　)責任も重くなる。
a. に従って 　　　b. につけて

(13) 交通量の増加(　　　)事故の危険性が高まった。
a. に伴って 　　　b. に先立って

(14) 年齢(　　　)耳が遠くなってきた。
a. に従って 　　　　b. とともに

정답　(1) b 일을 그만두고 매일 한가하기 때문에 여기저기 놀러
　　　　다니고 있습니다.
　　(2) a 야마다 씨가 도와준 덕분에 일이 빨리 끝났습니다.
　　　　고맙습니다.
　　(3) b 태풍 때문에 운동회가 중지 되었다
　　(4) a 너무 무서운 나머지 움직일 수 없었다.
　　(5) a 재미있는 드라마였던 만큼 끝나버려서 유감이다
　　(6) a 돈도 없고, 여행 가는 것은 관두자.
　　(7) b 약을 먹지 않은 탓에 감기를 악화시켰다.
　　(8) b 허세를 부리고 싶어서 시시한 거짓말을 했다.
　　(9) a 그에게 맡긴 이상 쓸데없는 말참견은 하지 않을 생각이다.
　　(10) a 과장님의 기분이 좋지 않은 것을 보니 거래처와의 교섭이
　　　　잘 되지 않은 것임에 틀림없다.
　　(11) b 문제가 어려우면 어려울수록 떨린다.
　　(12) a 계급이 올라감에 따라서 책임도 무거워진다.
　　(13) a 교통량의 증가에 따라서 사고 위험성도 높아진다.
　　(14) b 연령과 더불어 귀가 잘 들리지 않게 되었다.

기초**문법**

부정표현

~どころか	의미	~하기는커녕, ~하기는 고사하고
	접속	[동사, イ형용사, ナ형용사, 명사]의 보통형 + どころか ★단, ナ형용사와 명사는 「だ」가 붙지 않으며, [ナ형용사-な]도 쓰인다
	예문	高い薬を飲んだのに、治るどころか悪くなった。 비싼 약을 먹었는데 낫기는커녕 나빠졌다.
~ものか	의미	~은/는 무슨, 절대로 ~하지 않는다
	접속	[동사, イ형용사, ナ형용사, 명사]의 명사 수식형 + ものか
	예문	飲み過ぎないように言ったのに、二日酔いになっても知るものか。 과음하지 말라고 했는데, 숙취로 고생해도 알 바 아니다.
~もしない	의미	~도 하지 않다
	접속	동사 ます형 + もしない
	예문	よく知りもしないで知ったかぶるのはいけない。 잘 알지도 못하면서 아는 체를 해서는 안된다.
~わけがない ~はずがない	의미	~할 리가 없다, ~될 수가 없다, ~할 까닭이 없다
	접속	[동사, イ형용사, ナ형용사, 명사]의 명사 수식형 + わけがない
	예문	彼がそんなふうに言うわけがない。きっと理由があるのだろう。 그가 그런 식으로 말할 리가 없다. 분명히 이유가 있을 것이다.
~とは限らない	의미	~라고는 할 수 없다
	접속	[동사, イ형용사, ナ형용사, 명사]의 보통형 + とは限らない
	예문	いい大学を出れば必ず大企業に就職できるとは限らない。 좋은 대학을 나와도 반드시 대기업에 취직할 수 있다고는 할 수 없다.
~わけではない	의미	꼭 ~인 것만은 아니다
	접속	[동사, イ형용사, ナ형용사, 명사]의 명사 수식형 + わけではない
	예문	たとえ児童手当がなくても、生活に困るわけではない。 비록 자녀 수당이 없어도 생활이 어려운 것은 아니다.
~ないことはない ~なくはない ~なくもない	의미	~하기는 하다, ~이/가 아닌 것은 아니다
	접속	동사 ない형, イ형용사く, ナ형용사で, 명사で + ないことはない
	예문	あなたの気持ちはわからないことはないけど、あきらめることも必要ですよ。 당신의 기분을 모르는 것은 아니지만, 포기하는 것도 필요해요.

～とは言えない	의미	～라고는 할 수 없다
	접속	[동사, イ형용사, ナ형용사, 명사]의 + とは言えない
	예문	国の雇用・失業対策は、まだ十分とは言えません。 나라의 고용 · 실업 대책은 아직 충분하다고는 할 수 없습니다.
～のではない	의미	～인 것은 아니다
	접속	[동사, イ형용사, ナ형용사,명사]의 보통형 + のではない ★단, ナ형용사와 명사는 [ナ형용사ーな], [명사ーな]가 된다
	예문	そんなつもりで言ったのではありません。誤解しないでください。 그럴 생각으로 말한 것이 아닙니다. 오해하지 말아 주세요.
～というものではない	의미	항상 ～라고는 할 수 없다
	접속	[동사, イ형용사, ナ형용사, 명사]의 보통형 + というものではない
	예문	良い商品を作ることが大切なのであって、売れれば何でもいいというものではない。 좋은 상품을 만드는 것이 중요한 것으로, 팔린다면 뭐든지 좋다고는 할 수 없다.

기초문법

● 연습해 봅시다

(1) 彼がこの手紙を( )よ。韓国語がわ
からないんだから。
a. 読めるはずがない
b. 読めもしない

(2) 二度と ( )、こんなまずい店。
a. 来もしない　　b. 来るものか

(3) よく( )契約書にサインをしてしま
った。
a. 読みもしないで
b. 読むどころか

(4) 弟は ( )開き直った。
a. 謝るはずがなく
b. 謝るどころか

(5) 数学ができない( )。嫌いなのだ。
a. とは限らない　　b. のではない

(6) いつも怒っている( )んです、たま
たま今日機嫌が悪いだけで。
a. というものではない
b. わけではない

(7) お金があれば幸せになれる( )。
a. とは限らない　　b. のではない

(8) 裁判の結果が必ず正しい( )。
a. のではない　　　b. とは言えない

(9) 徹夜すればでき( )けれど、やりた
くない。
a. ないことはない
b. ることはない

(10) 彼女の気持ちは理解でき( )が、
だからといって許すわけにはいかな
い。
a. ないとは限らない
b. なくもない

(11) 手術をするとして治る( )。
a. というものではない
b. のでもない

정답　(1) **a** 그가 이 편지를 읽을 리 만무하다. 한국어를 모르니까.
(2) **b** 두 번 다시 올까 보냐. 이런 맛없는 가게.
(3) **a** 잘 읽지도 않고 계약서에 사인을 해버렸다.
(4) **b** 남동생은 사과를 하기는커녕 정색을 했다.
(5) **b** 수학을 못하는 것은 아니다. 싫어하는 것이다.
(6) **b** 언제나 화내고 있는 것은 아닙니다. 마침 오늘 기분이 안 좋을 뿐입니다.
(7) **a** 돈이 있으면 행복해 질수 있는 것은 아니다.
(8) **b** 재판 결과가 반드시 옳다고는 할 수 없다.
(9) **a** 밤새 하면 못할 것도 없지만, 하고 싶지 않다.
(10) **b** 그녀의 기분은 이해하지 못하는 것은 아니지만 그렇다고 해서 용서할 수는 없다.
(11) **a** 수술을 한다고 해서 낫는 것은 아니다.

~ないわけにはいかない ~ざるを得ない	의미	~하지 않을 수 없다, ~해야만 한다
	접속	동사 ない형 + ないわけにはいかない / ざるを得ない ★단, 「する」는 「せざるを得ない」가 된다.
	예문	社長に直接頼まれたら、嫌でもやらないわけにはいかない。 사장님에게 직접 부탁받으면, 싫어도 하지 않을 수 없다.
~てならない	의미	~해서 견딜 수가 없다
	접속	[동사 て형, イ형용사くて, ナ형용사で] + ならない
	예문	大学受験をひかえた娘が心配でならない。 대학 수험을 앞두고 딸이 걱정돼서 견딜 수 없다.
~てしかたがない ~てしょうがない ~てたまらない	의미	~해서 견딜 수가 없다, ~해서 죽겠다
	접속	[동사 て형, イ형용사くて, ナ형용사で] + しかたがない
	예문	このごろ仕事が楽しくてたまらないんです。 요즘 일이 즐거워서 죽겠어요.
~ないではいられない ~ずにはいられない	의미	~하지 않을 수 없다, ~하지 않고는 견딜 수 없다
	접속	동사 ない형 + ないではいられない / ずにはいられない ★단, 「する」는 「せずにはいられない」가 된다.
	예문	彼女に出会った瞬間、運命を感じないではいられなかった。 그녀를 만난 순간, 운명을 느끼지 않을 수 없었다.
~しかない ~(より)ほかない	의미	~하는 수밖에 없다, ~해야 한다, 그것 외에 방법이 없다
	접속	동사 사전형 + しかない
	예문	やれるだけのことは全部やった。あとは結果を待つほかない。 할 수 있는 만큼은 전부 했다. 나머지는 결과를 기다리는 것뿐이다.
~に決まっている	의미	반드시 ~된다, ~인 것이 당연하다
	접속	[동사, イ형용사, ナ형용사, 명사]의 보통형 + に決まっている ★단, ナ형용사와 명사는 「だ」가 붙지 않는다.
	예문	毎日あんなに食べていたら太るに決まっていますよ。 매일 그렇게 먹으면 살찌는 게 당연해요.
~にすぎない	의미	~에 지나지 않는다(불과하다)
	접속	[동사 보통형, ナ형용사である, 명사・명사である] + にすぎない
	예문	それは会社の方針ではなく、彼の個人的な意見にすぎない。 그것은 회사의 방침이 아니라, 그의 개인적인 의견에 불과하다.

~にほかならない	의미	~이다, ~인 것이다, ~인 때문이다
	접속	[동사, イ형용사, ナ형용사,명사]의 보통형 + (から)にほかならない ★단, ナ형용사와 명사는 「だ」가 붙지 않으며, [ナ형용사ーである], [명사ーである]의 형태도 사용한다.
	예문	親が子供をしかるのは、愛情があるからにほかならない。 부모가 아이를 꾸짖는 것은 애정이 있기 때문인 것이다.
~までだ ~までのことだ	의미	~하는 수밖에 없다
	접속	동사 사전형 + までだ
	예문	いつまでも残業が続くなら、こんな会社やめるまでのことだ。 언제까지나 야근이 계속 된다면, 이런 회사 그만 두는 수 밖에 없다.
~どころではない	의미	(말하는 사람이 주관적으로 판단해서) ~할 수 있는 상황이 아니다, ~할 여유가 없다
	접속	[동사 사전형, 명사] + どころではない
	예문	昨夜は子供に泣かれて寝るどころではなかった。 어젯밤은 아이가 울어서 잘 수 있는 상황이 아니었다.
~てはいられない	의미	~하고 있을 여유가 없다
	접속	동사 て형 + はいられない
	예문	仕事が忙しいので、旅行など行ってはいられない。 일이 바빠서 여행 같은거 갈 여유가 없다.
~わけにはいかない	의미	(심리적, 사회적 사정이 있어서) 그렇게 할 수 없다
	접속	동사 사전형 + わけにはいかない
	예문	友達が困っているのに知らないふりをするわけにはいかない。 친구가 곤란해 하고 있는데 모르는 척을 할 수는 없다.
~ようがない	의미	(방법이 없어서 또는 몰라서) ~하려고 해도 할 수가 없다
	접속	동사 ます형 + ようがない
	예문	当時の記録が残っていないので調べようがありません。 당시의 기록이 남아 있지 않기 때문에 조사하려고 해도 할 수 없습니다.
~かねる	의미	~하기 어렵다, ~할 수 없다
	접속	동사 ます형 + かねる
	예문	この連休どこに遊びに行くか、まだ場所を決めかねています。 이번 연휴에 어디에 놀러 갈지 아직 장소를 정하기가 어렵습니다.

～に違<ruby>違<rt>ちが</rt></ruby>いない ～に相<ruby>相違<rt>そう い</rt></ruby>ない	의미	～임에 틀림없다
	접속	[동사, イ형용사, ナ형용사, 명사]의 보통형 + に違<ruby><rt>ちが</rt></ruby>いない ★단, ナ형용사와 명사는 「だ」가 붙지 않는다.
	예문	あそこで山<ruby>田<rt>やま だ</rt></ruby>さんと話<ruby><rt>はな</rt></ruby>している男<ruby>の子<rt>おとこ こ</rt></ruby>が彼<ruby>女<rt>かのじょ</rt></ruby>の弟<ruby><rt>おとうと</rt></ruby>に違<ruby><rt>ちが</rt></ruby>いない。 저기서 야마다 씨와 이야기 하고 있는 남자아이가 그녀의 남동생임에 틀림없다.
～おそれがある	의미	～할 우려가 있다
	접속	[동사 보통형, 명사の] + おそれがある
	예문	今<ruby>夜<rt>こん や</rt></ruby>から明<ruby>日の朝<rt>あした あさ</rt></ruby>にかけて大<ruby>雪<rt>おおゆき</rt></ruby>のおそれがあります。 오늘 밤부터 내일 아침에 걸쳐서 큰 눈이 내릴 우려가 있습니다.
～とみえる ～とみえて	의미	(사실의 관측에서) ～것 같다, ～처럼, ～인듯, ～는지
	접속	[동사, イ형용사, ナ형용사, 명사]의 보통형 + とみえる
	예문	彼<ruby><rt>かれ</rt></ruby>は相<ruby>当怒<rt>そうとうおこ</rt></ruby>っているとみえて、朝<ruby><rt>あさ</rt></ruby>から口<ruby><rt>くち</rt></ruby>を利<ruby><rt>き</rt></ruby>いてくれない。 그는 상당히 화가 났는지 아침부터 말을 하지 않는다.
～まい	의미	～하지 않을 것이다(부정의 추측) (=～ないだろう)
	접속	동사 사전형 + まい ★단, 2,3그룹 동사의 경우 ない형에도 접속하며, 「する」는 「すまい」형태도 있다.
	예문	もう二<ruby>度<rt>に ど</rt></ruby>とここへ来<ruby><rt>く</rt></ruby>ることはあるまい。 두 번 다시 여기에 오지 않을 것이다.
～かねない	의미	～할 수도 있다, ～하게 될 수도 있다
	접속	동사 ます형 + かねない
	예문	従<ruby>業員<rt>じゅうぎょういん</rt></ruby>の態<ruby>度<rt>たい ど</rt></ruby>が悪<ruby><rt>わる</rt></ruby>いと、客<ruby><rt>きゃく</rt></ruby>の不<ruby>評<rt>ふ ひょう</rt></ruby>を招<ruby><rt>まね</rt></ruby>きかねない。 종업원의 태도가 나쁘면 고객의 불평을 초래할 수도 있다.
～ことか ～ことだろう	의미	～했는지, 얼마나 ～한 것인가(감개・공감)
	접속	[동사, イ형용사, ナ형용사]의 명사 수식형 + ことか
	예문	一<ruby>人<rt>ひとり</rt></ruby>っ子<ruby><rt>こ</rt></ruby>でも大<ruby>変<rt>たい へん</rt></ruby>なのに、双<ruby>子<rt>ふた ご</rt></ruby>を育<ruby>てる<rt>そだ</rt></ruby>親<ruby><rt>おや</rt></ruby>はどんなに大<ruby>変<rt>たいへん</rt></ruby>なことか。 아이 한 명도 힘든데, 쌍둥이를 키우는 부모는 얼마나 힘든 것인가.
～ないものか	의미	～하지 못하는 것일까?, ～할 수 없는 것일까? (= ～できるといいなあ)
	접속	가능의 의미가 있는 동사 ない형 + ものか
	예문	どうにかしてこの商<ruby>談<rt>しょうだん</rt></ruby>を成<ruby>立<rt>せいりつ</rt></ruby>させることができないものか。 어떻게든 해서 이 상담을 성립시킬 수는 없는 것일까?

①~たいものだ ②~てほしいものだ	의미	① 정말 ~하고 싶다 (소원) ② ~했으면 좋겠다
	접속	① 동사 ます형 + たいものだ ② 동사 て형 + ほしいものだ
	예문	自己主張だけでなく、周りの気持ちも理解してほしいものだ。 자기 주장뿐만 아니라, 주변의 마음 또한 이해했으면 한다.
~たものだ	의미	~하곤 했다 (회상)
	접속	동사 た형 + ものだ
	예문	子供の頃は、日が暮れるまで学校の運動場で遊んだものだ。 어렸을 때는, 날이 저물 때 까지 학교 운동장에서 놀곤 했다.
~ものだ	의미	~하다니 (감탄・칭찬)
	접속	[동사, イ형용사, ナ형용사]의 명사 수식형 + ものだ
	예문	便利になったものだ、ソウルからプサンまで2時間半で行けるとは。 이렇게 편리해지다니 서울에서 부산까지 두시간 반에 갈 수 있을 줄이야.
~(よ)うではないか	의미	~해야 되지 않겠는가, ~하자 (호소)
	접속	동사 의지형 + ではないか
	예문	もっと前向きに考えようではないか。 좀 더 긍정적으로 생각해야 되지 않겠는가.
~ことだ	의미	~해야 한다, ~하는 것이 좋다 (충고・명령)
	접속	[동사 사전형・ない형] + ことだ
	예문	合格したいなら一生懸命勉強することだ。 합격하고 싶다면 열심히 공부해야 한다.
~ものだ ~ものではない	의미	~하는 법이다(당연, 진리), ~하는 게 아니다
	접속	[동사, イ형용사, ナ형용사]의 명사 수식형 + ものだ
	예문	親に向かって口答えするものではありませんよ。 부모에 대해서 말대답해서는 안 됩니다.
~べきだ ~べきではない	의미	~반드시 ~해야 한다(~하는 편이 좋다), ~해서는 안 된다
	접속	동사 사전형 + べきだ
	예문	マスコミは冷静に報道すべきだ。 매스컴은 냉정하게 보도해야 한다.

(1) 娘がかわいく（　　）。
a. てしょうがない
b. ないわけにはいかない

(2) ペットがいなくなって（　　）。
a. 悲しまざるを得ない
b. 悲しくてならない

(3) 態度の悪い店員を見ると一言（　　）。
a. 言わずにはいられない
b. 言わなければならない

(4) いい大学に入るため、（　　）。
a. 勉強せざるを得ない
b. 勉強せずにはいられない

(5) この程度のことで（　　）。
a. あきらめるわけにはいかない
b. あきらめないわけにはいかない

(6) 恐ろしくてとても（　　）。
a. 見てはいられなかった
b. 見ないではいられなかった

(7) お客様の個人情報に関しましては（　　）。
a. お答えしてはいられません
b. お答えできかねます

(8) ビルの8階から落ちて助かるなんて奇跡としか（　　）。
a. 言いようがありません
b. 言うわけにはいきません。

(9) 彼女のことが気になって（　　）。
a. 勉強するわけにはいかなかった
b. 勉強どころではなかった

(10) 息子はそのおもちゃが（　　）毎日一緒に寝ている。
a. 気に入ったとみえて
b. 気に入に違いない

(11) 面と向かって批評されたら誰だって（　　）。
a. 怒るおそれがある
b. 怒るに違いない

(12) 先ほど申しあげたことは全て（　　）。
a. 事実に相違ありません
b. 事実の恐れがある

(13) こんな経営の仕方ではいずれ（　　）。
a. 倒産しかねる　　b. 倒産しかねない

(14) 経済の崩壊が政治の動乱に（　　）。
a. つながるおそれがある
b. つながるしかない

(15) もう二度と（　　）と思っていたが、縁があって再婚した。
a. 結婚するまい　　b. 結婚しかねない

(16) 私の誕生日ぐらい覚えていてほしい（　　）。
a. ものだ　　　　　b. ことだ

[17] 楽してお金を稼ぐ方法はない( )と
いつも考えている。

    a. ことか　　　　　b. ものか

[18] 「知らぬが仏」とはよく言った( )。

    a. ものだ　　　　　b. ことだ

[19] 若い頃は夏になるとよく海に行った
( )。

    a. ことだ　　　　　b. ものだ

[20] いじめの標的になって毎日どんなに
辛かった( )だろう。

    a. こと　　　　　b. もの

[21] 元気な若い人は乗り物の中でお年寄
りに席を譲る( )。

    a. ものだ　　　　　b. ことだろう

[22] 個人の自由を( )。

    a. 尊重するべきだ

    b. 尊重しかねない

[23] 田中さん、体調が悪いときはまずゆ
っくり( )。

    a. 休んではいられないですよ

    b. 休むことですよ

[24] お年寄りには席を( )よ。

    a. ゆずるものです

    b. ゆずったことです

[25] 人は外見で( )。

    a. 判断することとみえる

    b. 判断するものではない

[26] 皆で協力してこの危機を乗り越え( )。

    a. ようではありませんか

    b. ようと思いませんか

정답
[1] a 딸이 귀여워서 견딜 수 없다.
[2] b 애완동물이 없어져서 슬퍼서 참을 수 없다.
[3] a 태도가 나쁜 점원을 보면 한마디 하지 않을 수 없다.
[4] a 좋은 대학에 들어가기 위해서 공부를 하지 않을 수 없다.
[5] a 이 정도 일로 포기할 수는 없다.
[6] a 무서워서 도저히 보고 있을 수 없었다.
[7] b 고객의 개인 정보에 관해서는 대답해 드릴 수 없습니다.
[8] a 빌딩 8층에서 떨어져서 살아나다니 기적이라고 밖에
할 수 없습니다.
[9] b 그녀가 신경 쓰여서 공부할 상황이 아니었다.
[10] a 아들은 그 장난감이 마음에 든 듯, 매일 끼고 자고 있다.
[11] b 얼굴을 마주하고 비판당하면 누구라도 화낼 것임에 틀림없다.
[12] a 조금 전에 말씀 드린 것은 모두 사실입니다.
[13] b 이런 경영 방식으로는 언젠가 도산할지도 모른다.
[14] a 경제 붕괴가 정치의 동요로 이어질 우려가 있다.
[15] b 두 번 다시 결혼하지 않겠다고 생각했는데, 인연이 있어서 재혼했다
[16] a 내 생일 정도 기억해 주었으면 한다.
[17] b 편하게 돈을 버는 방법은 없는 것인가라고 항상 생각하고 있다.
[18] a '모르는 것이 약이다'라는 것은 정말 맞는 말이다.

[19] b 젊을 때는 여름이 되면 자주 바다에 가곤 했었다.
[20] a 괴롭힘의 표적이 되어 매일 얼마나 힘들었을까.
[21] a 건강한 젊은이는 버스나 지하철 안에서 노인에게 자리를
양보해야 한다.
[22] a 개인의 자유를 존중해야 한다.
[23] b 다나카 씨, 몸 상태가 좋지 않을 때는 우선 푹 쉬는 것이
좋습니다.
[24] a 노인에게는 자리를 양보해야 합니다.
[25] b 사람은 겉모습으로 판단해서는 안됩니다.
[26] a 모두가 협력해서 이 위기를 극복해야 하지 않겠습니까?

必<small>かなら</small>ずしも～ない	의미	반드시 ~인 것은 아니다, 반드시 ~라고 할 수 없다(부분 부정)
	예문	高<small>たか</small>いカメラが必<small>かなら</small>ずしもいいとは限<small>かぎ</small>らない。 비싼 카메라가 반드시 좋다고는 할 수 없다.
全<small>まった</small>く～ない	의미	전혀 ~않는다(없다)(완전부정)
	예문	彼<small>かれ</small>の言<small>い</small>っていることは、全<small>まった</small>く意味<small>いみ</small>がわからない。 그가 말하는 것은 전혀 의미를 알 수 없다.
たいして～ない	의미	그다지, 별로(정도가 심하지 않음) ★회화체 표현
	예문	不動産屋<small>ふどうさんや</small>に行<small>い</small>ったが、たいしていい物件<small>ぶっけん</small>がなかった。 부동산에 갔는데, 별로 좋은 물건이 없었다.
めったに～ない	의미	좀처럼, 거의
	예문	あの先生<small>せんせい</small>はめったに怒<small>おこ</small>らない。 저 선생님은 좀처럼 화내지 않는다.
何<small>なに</small>も～ない	의미	특별히, 굳이
	예문	忙<small>いそが</small>しいなら何<small>なに</small>もわざわざ来<small>き</small>てくれなくてもいいよ。 바쁘면 굳이 오지 않아도 돼요.
それほど～ない そんなに ～ない そう～ない	의미	그렇게, 그정도, 그만큼(정도가 심하지 않음)
	예문	それほどひどい傷<small>きず</small>ではないが、病院<small>びょういん</small>に行<small>い</small>った。 그렇게 심한 상처는 아니지만 병원에 갔다. そんなに心配<small>しんぱい</small>しなくても大丈夫<small>だいじょうぶ</small>だと言<small>い</small>われた。 그렇게 걱정하지 않아도 괜찮다고 했다. そう痛<small>いた</small>くもなかったので、買<small>か</small>い物<small>もの</small>してから帰<small>かえ</small>った。 그렇게 아프지도 않았기 때문에 장을 보고 집에 갔다.
一向<small>いっこう</small>に～ない	의미	조금도, 전혀
	예문	2年経<small>ねんた</small>っても一向<small>いっこう</small>に連絡<small>れんらく</small>が来<small>こ</small>ない。 2년이 지나도 전혀 연락이 없다.
もう	의미	이미, 벌써
	예문	こちらの商品<small>しょうひん</small>はもう販売<small>はんばい</small>を終了<small>しゅうりょう</small>しました。 이 상품은 벌써 판매를 종료했습니다.
とっくに	의미	훨씬 전에, 「もう」의 과장된 표현 ★회화체 표현
	예문	映画<small>えいが</small>はとっくに終<small>お</small>わったよ。 영화는 훨씬 전에 끝났어.
すでに	의미	이미, 벌써, 「もう」의 딱딱한 표현
	예문	メールの返事<small>へんじ</small>はすでにした。 메일 답장은 이미 했다.

かつて	의미	이전에, 옛날에　★문장체
	예문	彼女はかつてバレリーナだった。그녀는 이전에 발레리나였다.
いずれ	의미	언젠가, 결국
	예문	まだ先の話だが、いずれ彼女と結婚したいと思っている。 아직 훗날의 이야기지만, 언젠가 그녀와 결혼하고 싶다고 생각하고 있다.
そのうち	의미	머지않아, 가까운 시일 내에, 조만간
	예문	そのうちあなたも私の気持ちが分かるようになります。 머지않아 당신도 나의 기분을 알게 될 겁니다.
今に	의미	이제 곧, 머지않아　★회화체 표현
	예문	タバコをやめないと、今に病気になりますよ。 담배를 끊지 않으면 머지않아 병에 걸릴거예요.
まもなく	의미	곧　★격식차린 표현
	예문	まもなくコンサートが始まる。곧 콘서트가 시작된다.
仮に	의미	가령, 만일 (가정조건)
	예문	仮に今より条件のいい会社があったら、転職しますか。 만일 지금보다 조건이 좋은 회사가 있다면 이직하겠습니까?
もしも	의미	만약, 혹시
	예문	もしも願いがかなうとしたら、何をお願いしますか。 만약 소원이 이루어진다면 무엇을 빌겠습니까?
万一	의미	만일(가정조건)
	예문	万一カギを紛失された場合は、実費をご負担いただきます。 만일 열쇠를 잃어버린 경우에는 실비를 부담해주셔야 합니다.
たとえ〜ても	의미	비록 〜할지라도, 가령 〜할지라도
	예문	たとえ明日が来なくても今日という日を精一杯生きます。 비록 내일이 오지 않더라도 오늘 하루를 열심히 살겠습니다.
万一〜ても	의미	만일(역접조건)
	예문	万一怪我や病気になったとしても、保険に入っていれば安心だ。 만일 다치거나 병에 걸린다고 해도, 보험에 들었으면 안심이다.
仮に〜ても	의미	가령(역접조건)
	예문	仮に彼女に振られたとしても、気持ちを伝えられただけで幸せだ。 가령 그녀에게 차인다고 해도, 마음을 전한 것만으로 행복하다.

いくら～ても	**의미**	아무리 ~해도
	예문	いくら大変でも、自分で決めたことなのだから頑張りなさい。 아무리 힘들더라도 스스로 정한 일이니까 열심히 하세요.
ますます	**의미**	점점 더, 더욱 더　★변화가 계속되어 전보다 더
	예문	先生にほめられて、勉強がますます楽しくなった。 선생님에게 칭찬받아서 공부가 점점 즐거워졌다.
一段と	**의미**	한층, 더욱, 훨씬　★전과 차이가 크다
	예문	台風の接近で風雨が一段と強くなった。 태풍의 접근으로 비바람이 한층 강해졌다.
すっかり	**의미**	완전히, 아주
	예문	彼女は結婚してからすっかり性格が変わってしまった。 그녀는 결혼하고나서 완전히 성격이 바뀌어 버렸다.
次第に	**의미**	서서히, 차츰　★조금씩 변화
	예문	塾に通い始めたら、次第に成績が上がってきた。 학원에 다니기 시작했더니 차츰 성적이 올라가기 시작했다.
見る見るうちに	**의미**	순식간에　★보고 있는 동안에 변화가 급격하게 진행되다
	예문	この方法で勉強したら、見る見るうちに英語が上達するでしょう。 이 방법으로 공부하면 순식간에 영어가 능숙해지겠죠.
徐々に	**의미**	서서히, 조금씩
	예문	長年の研究により、徐々に乳酸菌の効果が明らかになってきた。 오랜 세월의 연구로 인해 서서히 유산균의 효과가 밝혀졌다.
くれぐれも	**의미**	부디, 제발
	예문	雪が積もっていますので、くれぐれも足元にご注意ください。 눈이 쌓여있으니 부디 발 밑을 조심해 주세요.
どうか	**의미**	아무쪼록, 부디
	예문	どうか彼と結婚できますように。부디 그와 결혼할 수 있기를.
何とかして	**의미**	(어렵겠지만) 어떻게 해서든
	예문	何とかして来週までにレポートを終わらせなければならない。 어떻게 해서든 다음 주까지는 리포트를 끝내지 않으면 안 된다.
さぞ	**의미**	아마, 필시, 얼마나, 오죽(감정을 담은 추측, 공감)
	예문	30代なのに学生に間違えられたんだって。彼女、さぞ嬉しかっただろうね。 30대인 그녀를 학생으로 착각했대. 분명 기뻤을 거야.

どうも どうやら	의미	(확실한 추측) 아무래도, 어쩐지 ★「そうだ, ようだ, らしい」와 함께 사용될 때가 많다.
	예문	どうも足をねんざしたようだ。 아무래도 발을 삔 것 같다. どうやらまだ怒っているらしい。 아무래도 아직 화가 난 것 같다.
もしかしたら もしかすると	의미	(자신없는 추측) 어쩌면
	예문	もしかしたら使うかもしれないから、取っておこう。 어쩌면 사용할지도 모르니까 놔두자.
おそらく	의미	(확신이 있는 추측) 아마, 어쩌면 ★「だろう, 思う」와 함께 사용될 때가 많다.
	예문	場所はおそらくいつもの会議室でしょう。 장소는 아마 여느 때와 같은 회의실이겠죠.
まさか	의미	(가능성이 없다고 추측) 설마
	예문	まさかそんなものが存在しているなんて。 설마 그런 것이 존재하다니.

● 연습해 봅시다

(1) あの子、(　　)気がきかないね。
    a. 何も　　　　　　b. 全く

(2) 実は(　　)疲れていません。
    a. めったに　　　　b. それほど

(3) 最近は(　　)忙しくありません。
    a. こんなに　　　　b. そんなに

(4) 彼の成績は(　　)悪くありません。
    a. そう　　　　　　b. こう

(5) あの映画は(　　)面白くない。
    a. 大して　　　　　b. 必ずしも

(6) この花は韓国では(　　)見られません。
    a. 何も　　　　　　b. めったに

(7) (　　)この実験が成功するとは限りません。
    a. 必ずしも　　　　b. 全く

(8) (　　)そこまで悩むことはないですよ。
    a. 何も　　　　　　b. たいして

(9) 薬を飲んでも(　　)体調がよくならない。
    a. 一向に　　　　　b. めったに

(10) 佐藤さん、試験は(　　)終わったの？
    a. まだ　　　　　　b. もう

(11) こちらの製品は(　　)製造中止になっております。
    a. すでに　　　　　b. まだ

(12) 彼が現れた時には約束の時間は(　　)過ぎていた。
    a. とっくに　　　　b. やっと

(13) (　　)この村の大部分は畑だった。
    a. かつて　　　　　b. そのうち

(14) (　　)販売を終了します。
    a. とっくに　　　　b. まもなく

(15) また(　　)会おうね。
    a. そのうち　　　　b. かつて

(16) うそばかりついていると(　　)罰が当たりますよ。
    a. すでに　　　　　b. 今に

(17) 結婚して子供ができれば、(　　)親の気持ちがわかるだろう。
    a. いずれ　　　　　b. とっくに

(18) (　　)道に迷ったら、事務所に連絡してください。
    a. もしも　　　　　b. 必ずしも

(19) (　　)あなたがこの会社の社長だったら、この問題をどう解決しますか。
    a. 仮に　　　　　　b. たとえ

(20) (　　)火事になったら、すぐ逃げてください。
    a. いくら　　　　　b. 万一

(21) たとえ(　　)昨日よりは確実に前進しているのだ。

   a. 小さな一歩だと　b. 小さな一歩でも

(22) いくら(　　)できないものはできない。

   a. 上司の命令ならば

   b. 上司の命令でも

(23) 仮に(　　)、それを教訓にして次また頑張ればよいのだ。

   a. 失敗したとしても

   b. 失敗しそうなので

(24) 万一(　　)、代わりに弟を行かせますからご心配なく。

   a. 私が行けなくても

   b. 私が行けたら

(25) しばらく見ない間に(　　)きれいになりましたね。

   a. 徐々に　　　　b. 一段と

(26) 子供の頃から目が悪かったが、最近パソコンを使うようになって(　　)悪くなった。

   a. ますます　　　b. 次第に

(27) 子供を産んで今では(　　)いいお母さんになった。

   a. 徐々に　　　　b. すっかり

(28) 台風が近づき、(　　)風雨が強くなってきた。

   a. すっかり　　　b. 次第に

(29) 景気の回復や物価の上昇に対応して金利が(　　)上がるだろう。

   a. 徐々に　　　　b. すっかり

(30) 報告を聞いて(　　)上司の顔色が変わった。

   a. 見る見るうちに　b. もしかすると

(31) (　　)長生きできますように。

   a. 必ずしも　　　b. どうか

(32) (　　)後悔しないようにしてください。

   a. くれぐれも　　b. どうしても

(33) 明日までに(　　)このレポートを終わらせなけばならない。

   a. どうか　　　　b. 何とかして

(34) (　　)母の病気を治してあげたい。

   a. 何とかして　　b. どうか

(35) (　　)この商品は大ヒットするだろう。

   a. おそらく　　　b. どうやら

(36) (　　)熱があるようだ。

   a. まさか　　　　b. どうやら

(37) (　　)警察は彼を疑っているんじゃないかな。

   a. まさか　　　　b. もしかすると

(38) お帰りなさい。(　　)お疲れでしょう。

   a. さぞ　　　　　b. まさか

(39) (　　)彼が私を騙すはずがない。

   a. まさか　　　　b. もしかすると

정답 (1) b 저 아이 전혀 눈치가 없네.

(2) b 사실은 그다지 피곤하지 않습니다.

(3) b 최근에는 그렇게 바쁘지 않습니다.

(4) a 그의 성적은 그렇게 나쁘지 않습니다.

(5) a 저 영화는 그다지 재미있지 않다.

(6) b 이 꽃은 한국에서는 좀처럼 볼 수 없습니다.

(7) a 반드시 이 실험이 성공한다고는 할 수 없습니다.

(8) a 굳이 거기까지 고민할 필요는 없어요.

(9) a 약을 먹어도 전혀 몸 상태가 좋아지지 않는다.

(10) b 사토 씨. 시험은 벌써 끝났나요?

(11) a 이 제품은 이미 제조 중지되었습니다.

(12) a 그가 나타났을 때에는 약속 시간은 훨씬 전에 지나 있었다.

(13) a 옛날에 이 마을의 대부분은 밭이었다.

(14) b 곧 판매를 종료합니다.

(15) a 또 조만간 만나자.

(16) b 거짓말만 하고 있으면 머지않아 벌 받습니다.

(17) a 결혼해서 아이가 생기면 언젠가 부모의 마음을 알 것이다.

(18) a 만약 길을 잃는다면 사무실로 연락하세요.

(19) a 만약 당신이 이 회사의 사장이라면 이 문제는 어떻게 해결하겠습니까?

(20) b 만에 하나 불이 난다면 바로 도망치세요.

(21) b 설령 작은 한걸음이라도 어제보다는 확실히 전진하고 있는 것이다.

(22) b 아무리 상사의 명령이라도 할 수 없는 것은 할 수 없다.

(23) a 가령 실패한다고 해도 그것을 교훈으로 삼아 다음에 또 노력하면 되는 것이다.

(24) a 만에 하나 내가 가지 못하더라도 대신 남동생을 보낼 테니 걱정하지 마세요.

(25) b 한동안 못 본 사이에 더욱 더 예뻐졌네요.

(26) a 어릴 때부터 눈이 나빴는데, 최근에 컴퓨터를 사용하게 되어서 더욱 나빠졌다.

(27) b 아이를 낳고 지금은 완전히 좋은 엄마가 되었다.

(28) b 태풍이 가까워져 점차 비바람이 강해졌다.

(29) a 경기회복이나 물가 상승에 대응하여 금리가 서서히 오를 것이다.

(30) a 보고를 듣고 순식간에 상사의 안색이 변했다.

(31) b 부디 장수할 수 있기를.

(32) a 부디 후회하지 않도록 해 주세요.

(33) b 내일까지는 어떻게 해서든 이 리포트를 끝내야 한다.

(34) a 어떻게 해서든 어머니의 병을 낫게 해주고 싶다.

(35) a 아마 이 상품은 대히트를 칠 것이다.

(36) b 아무래도 열이 있는 것 같다.

(37) b 어쩌면 경찰은 그를 의심하고 있는 것은 아닐까?

(38) a 다녀오셨어요. 필시 지쳤겠죠.

(39) a 설마 그가 나를 속일 리가 없다.

기초**문법**

접속사

だが	의미	그렇나, 그렇지만 ★「しかし」보다 딱딱한 느낌
	예문	体の調子が悪い。だが、病院に行く時間がない。 몸 상태가 안 좋다. 그렇지만 병원에 갈 시간이 없다.
それでも	의미	그럼에도 불구하고, 그런데도 ★앞의 문장이 사실이라도 그것에 영향 받지 않는다는 내용의 문장이 온다.
	예문	生まれ変わることができたとします。それでも、また奥さんと結婚しますか。 다시 태어날 수 있다고 합시다. 그런데도 지금의 부인과 다시 결혼하실 건가요?
それなのに	의미	그런데도, 그럼에도 불구하고
	예문	彼は何日も食事をしていない。それなのに、元気いっぱいだ。 그는 며칠 동안이나 식사를 하지 않았다. 그런데도 매우 건강하다.
ところが	의미	그러나, 그런데
	예문	彼はもう帰ったと思っていた。ところが、待っていてくれた。 그는 벌써 돌아갔을 것이라고 생각했다. 그런데 기다려 주었다.
すると	의미	그랬더니, 그러자
	예문	ドアを開けた。すると、知らない男が立っていた。 문을 열었다. 그러자 모르는 남자가 서있었다.
そのため	의미	그 때문에
	예문	今日は大雪だった。そのため、道路が渋滞した。 오늘은 폭설이었다. 그 때문에 도로가 정체됐다.
したがって	의미	따라서, 그러므로 ★문장체
	예문	今回の試験は難しかった。したがって、平均点も低い。 이번 시험은 어려웠다. 따라서 평균점도 낮다.
それで	의미	그러므로, 그래서
	예문	寝坊してしまって、それで、走ってきたんです。 늦잠을 자버려서, 뛰어 왔습니다.
そこで	의미	그래서, 그런 까닭으로
	예문	道に迷ってしまった。そこで、交番で聞いてみることにした。 길을 잃어버렸다. 그래서 파출소에 물어보기로 했다.

なお	의미	덧붙여 (말하면), 또한
	예문	パンフレットをご覧ください。なお、ホームページでもご覧いただけます。 팸플릿을 봐 주세요. 또한 홈페이지에서도 보실 수 있습니다.
ただし	의미	단, 다만
	예문	入場に年齢制限はありません。ただし、小学生以下は保護者同伴が条件です。 입장에 연령제한은 없습니다. 단, 초등학생 이하는 보호자 동반이 조건입니다.
もっとも	의미	다만, 그렇다고는 하지만
	예문	彼は体調不良を理由に会社を辞めた。もっとも、本当の理由は他にある。 그는 몸 상태가 좋지 않음을 이유로 회사를 그만두었다. 하지만 진짜 이유는 따로 있다.
ちなみに	의미	덧붙여서 말하면
	예문	私の父は銀行員です。ちなみに、兄も銀行員です。 저의 아버지는 은행원입니다. 덧붙여 말하면 형도 은행원입니다.
そればかりか	의미	그뿐만 아니라
	예문	彼はしょっちゅう遅刻する。そればかりか、宿題もやってこない。 그는 자주 지각한다. 그뿐만 아니라 숙제도 해오지 않는다.
その上	의미	게다가, 또한, 더욱
	예문	夫は毎日帰宅がおそい。その上、休日も出勤している。 남편은 매일 귀가가 늦다. 게다가 휴일에도 출근한다.
しかも	의미	그 위에, 게다가
	예문	芸能人カップルが離婚した。しかも、結婚生活はわずか３ヶ月だった。 연예인 커플이 이혼했다. 게다가 결혼생활은 불과 3개월이었다.
また	의미	또한, 또
	예문	玄米は栄養が豊富です。また、ガンの予防効果もあります。 현미는 영양이 풍부합니다. 또한, 암 예방효과도 있습니다.

기초문법

● 연습해 봅시다

(1) 証拠はない。(　　)、犯人はあの男に間違いない。

   a. それなのに　　　b. だが

(2) 家具を注文した。(　　)、数日後、品切れの連絡が来た。

   a. ところが　　　b. それでも

(3) 彼には何度も説明したんです。(　　)、また間違えたんですよ！

   a. もしかすると　　b. それなのに

(4) 彼には犯罪歴がありますよ。(　　)いいんですか。

   a. それでも　　　b. だが

(5) 日本は地震が多い。(　　)、建築物には厳しい耐震基準が定められている。

   a. そのため　　　b. すると

(6) 家族に相談したんですが解決できませんでした。(　　)、専門家にお願いすることにしました。

   a. すると　　　b. それで

(7) 現場に残された指紋が彼のものと一致した。(　　)、犯人は彼しかいない。

   a. それなのに　　b. したがって

(8) 久しぶりに引き出しの整理をした。(　　)、古い手紙が出てきた。

   a. すると　　　b. そのため

(9) 彼らはお互いを気に入っているようだ。(　　)、私がデートのきっかけを作ってあげることにした。

   a. そこで　　　b. すると

(10) 営業時間は、平日・土日祝日とも9:00〜20:00です。(　　)、サービス受付時間は18:00までとなります。

   a. もっとも　　　b. ただし

(11) 返品・交換は、商品到着後「14日以内」でお願いいたします。(　　)、食品については、商品の性質上、不良品以外の返品はお受けできません。

   a. なお　　　b. もっとも

(12) 体重を落とすため運動を始めた。(　　)、それだけではやせないので食事制限もしている。

   a. したがって　　b. もっとも

(13) 韓国では5月8日は父母の日です。(　　)、日本では6月の第3日曜日が父の日、5月の第2日曜日が母の日です。

   a. ちなみに　　　b. もっとも

(14) 会場準備は鈴木さんが担当します。（　　）、当日の司会進行は佐藤さんが担当します。

a. また　　　　　　　b. しかも

(15) 山田さんは酒癖が悪い。（　　）、借金もある。

a. もっとも　　　　　b. その上

(16) 友人は私の愚痴を黙って聞いてくれて、（　　）、食事までご馳走してくれた。

a. なお　　　　　　　b. しかも

(17) 彼女はとても美人だ。（　　）、誰に対しても親切だ。

a. そればかりか　　b. ただし

정답　(1) b 증거는 없다. 하지만, 범인은 그 남자임에 틀림없다.
　　　(2) a 가구를 주문했다. 그런데 며칠 후 품절이라는 연락이 왔다.
　　　(3) b 그에게는 몇 번이나 설명했습니다. 그런데 또 틀렸어요!
　　　(4) a 그에게는 범죄 이력이 있어요. 그래도 괜찮습니까?
　　　(5) a 일본은 지진이 많다. 그 때문에 건축물에는 엄격한 내진 기준이 정해져 있다.
　　　(6) b 가족과 의논했지만 해결할 수 없었습니다. 그래서 전문가에게 부탁하기로 했습니다.
　　　(7) b 현장에 남겨진 지문이 그의 것과 일치했다. 따라서 범인은 그일 수 밖에 없다.
　　　(8) a 오랜만에 서랍 정리를 했다. 그러자 오래된 편지가 나왔다.
　　　(9) a 그들은 서로를 마음에 두고 있는 것 같다. 그래서 내가 데이트할 계기를 만들어 주기로 했다.
　　　(10) b 영업 시간은 평일, 토요일, 공휴일 모두 9:00～20:00입니다. 단, 서비스 접수 시간은 18:00까지 입니다.
　　　(11) a 반품, 교환은 상품 도착 후 '14일 이내'에 부탁 드립니다. 또한 식품에 대해서는 상품 성질상, 불량품 이외의 반품은 접수 받을 수 없습니다.
　　　(12) b 체중을 줄이기 위해 운동을 시작했다. 하지만 그것만으로는 살이 빠지지 않기 때문에 식사 제한도 하고 있다.
　　　(13) a 한국에서는 5월 8일은 어버이날 입니다. 덧붙여 말하자면 일본에서는 6월 셋째 주 일요일이 아버지의 날, 5월 둘째 주 일요일이 어머니의 날입니다.
　　　(14) a 회장 준비는 스즈키 씨가 담당합니다. 또, 당일 사회 진행은 사토 씨가 담당합니다.
　　　(15) b 야마다 씨는 술버릇이 나쁘다. 게다가 빚도 있다.
　　　(16) b 친구는 내 불평을 잠자코 들어주었고, 게다가 밥까지 사 주었다.
　　　(17) a 그녀는 매우 미인이다. 그뿐 아니라 누구에 대해서도 친절하다.

기초문법

~ぬく	의미	열심히 마지막까지 ~하다
	접속	동사 ます형 + ぬく
	예문	すぐに答えが出ないとしても、考えぬくことで何かがわかるはずだ。 바로 답이 안 나오더라도, 끝까지 열심히 생각하면 뭔가를 알아낼 수 있을 것이다.
~きる	의미	마지막 까지 ~하다, 충분히 ~하다
	접속	동사 ます형 + きる
	예문	古いのを使いきってから、新しいのを買いましょう。 낡은 것을 다 사용하고 나서 새로운 것을 삽시다.
~かねる	의미	~하기 어렵다, ~할 수 없다
	접속	동사 ます형 + かねる
	예문	彼はエンジニアとして活躍するには十分とは言いかねる面もある。 그는 엔지니어로서 활약하기에는 충분하다고는 말하기 어려운 면도 있다.
~通す	의미	끝까지 포기하지 않고 ~하다
	접속	동사 ます형 + 通す
	예문	何があってもやり通す、その心意気が大切だ。 무슨 일이 있어도 끝까지 해낸다, 그 마음가짐이 중요하다.
~得る/得る	의미	~할 수 있다, 가능성이 있다
	접속	동사 ます형 + 得る
	예문	ふつうに買えば数千円のチケットを、あり得ない値段で買ってしまった。 일반적으로 사면 수천 엔의 티켓을 말도 안 되는 가격에 사버렸다.
~かける	의미	~하고 있는 (동작을 시작했지만 아직 도중 단계)
	접속	동사 ます형 + かける
	예문	私は後から参加します。まだやりかけの仕事が残っているので。 저는 나중에 참가하겠습니다. 아직 하다만 일이 남아 있기 때문에.
~がち	의미	그렇게 되기 쉬움　★마이너스 평가
	접속	동사 ます형 + がち
	예문	体力が落ちて、このごろ風邪をひきがちだ。 체력이 떨어져서, 요즘 감기에 잘 걸린다.

~っぱなし	의미	계속 ~한 상태, 계속 ~인 채 ★마이너스 평가
	접속	동사 ます형 + っぱなし
	예문	昨日テレビをつけっぱなしにして寝てしまった。 어제 텔레비전을 켜놓은 채로 자버렸다.
~っぽい	의미	~의 느낌이 있다, 자주 ~해 버린다
	접속	동사 ます형 + っぽい
	예문	息子は飽きっぽい性格で、何をやっても続かない。 아들은 싫증을 잘 내는 성격으로, 무엇을 해도 계속하지 못한다.
~きり	의미	~인 채, ~한 채
	접속	동사 た형 + きり
	예문	彼女とは10年前に会ったきり、一度も会っていない。 그녀와는 10년 전에 만난 후, 한 번도 만나지 않았다.
~だらけ	의미	~투성이 (좋지 않은 것이 많이 있다) ★마이너스 이미지
	접속	명사 + だらけ
	예문	一ヶ月も掃除をしなかったので、部屋はほこりだらけだった。 한 달이나 청소를 하지 않았기 때문에 방은 먼지 투성이였다.
~め	의미	정도가 조금 ~이다
	접속	イ형용사 어간 + め
	예문	最近太ってきたから少し大きめの服を買わないと。 최근 살이 쪘기 때문에 큼직한 옷을 사야 한다.
~気味	의미	조금 ~의 경향
	접속	동사 ます형, 명사 + 気味
	예문	毎日降り続く雨で工事が遅れ気味だ。 매일 계속해서 내리는 비로 공사가 늦어질 기미이다.

● 연습해 봅시다

(1) 食べ(　　)のものをくれるなんて、失礼
　　 だ。
　　 a. かけ　　　　　　 b. ぬき

(2) とても苦しかったが、200メートルを
　　 泳ぎ(　　)。
　　 a. かけた　　　　　 b. きった

(3) 途中であきらめないで最後までやり
　　 (　　)ことが合格への近道だ。
　　 a. かけた　　　　　 b. ぬく

(4) 5時間歩き(　　)、とうとう山頂にた
　　 どり着いた。
　　 a. 通して　　　　　 b. かねて

(5) 宇宙人にさらわれるなんて、そんなこ
　　 とが本当に起こり(　　)のだろうか。
　　 a. きる　　　　　　 b. 得る

(6) 親に心配をかけるのではないかと相
　　 談し(　　)います。
　　 a. かねて　　　　　 b. かけて

(7) 洋服を選ぶ時、ついデザインで(　　)
　　 だが、自分の体型にあったものを選
　　 ぶことも重要である。
　　 a. 選びがち　　　　 b. 選びっぱなし

(8) 最近ちょっと(　　)だ。
　　 a. 夏バテだらけ　　 b. 夏バテ気味

(9) 彼の気迫に(　　)です。
　　 a. 押され気味　　　 b. 押されめ

(10) 窓を(　　)にしておいたら、虫が入っ
　　 てきてしまった。
　　 a. 開けっぽく　　　 b. 開けっぱなし

(11) 妻はふらりと(　　)、二度と戻ってこ
　　 なかった。
　　 a. 出て行ったきり　 b. 出て行き気味で

(12) 妹は花屋で働いているので、いつも
　　 手が(　　)だ。
　　 a. 傷がち　　　　　 b. 傷だらけ

(13) 山田さん、今日の服、(　　)素敵ね。
　　 a. 大人だらけで　　 b. 大人っぽくて

(14) 疲れているので、今夜は(　　)に寝る
　　 ことにします。
　　 a. 早め　　　　　　 b. 早っぽく

정답 [1] a 먹던 것을 주다니 실례다.

[2] b 매우 고통스러웠지만 200미터를 끝까지 헤엄쳤다.

[3] b 도중에 포기하지 않고 끝까지 해내는 것이 합격의 지름길이다.

[4] a 5시간을 포기하지 않고 끝까지 걸어서 겨우 산 정상에 도달했다.

[5] b 우주인에게 유괴당하다니, 그런 일이 정말 일어날 수 있는 것인가.

[6] a 부모에게 걱정 끼치는 것은 아닐까 해서 의논하기를 꺼리고 있습니다.

[7] a 옷을 고를 때, 무심코 디자인으로 고르기 쉽지만, 자신의 체형에 맞는 것, 착용감이 좋은 것을 고르는 것도 중요하다.

[8] b 요즘 좀 더위를 먹은 것 같다.

[9] a 그의 기백에 밀리는 기색입니다.

[10] b 창문을 열어 놓은 채로 두어서, 벌레가 들어와 버렸다.

[11] a 아내는 홀연히 나가버린 채 두 번 다시 돌아오지 않았다.

[12] b 여동생은 꽃집에서 일하고 있기 때문에 언제나 손이 상처투성이다.

[13] b 야마다 씨, 오늘 옷 어른스럽고 멋지네.

[14] a 피곤해서 오늘 밤은 빨리 자기로 하겠습니다.

◖ **문제유형** **문법형식판단 (10문항)**

문장 속에서 괄호 안에 들어갈 알맞은 기능어를 찾는 문제이다. 기존 시험에도 있던 유형이지만, 문항 수가 줄었다.

例

問題5　次の文の（　　　　）にいれるのに最もよいものを、1・2・3・4から一つ選びなさい。

26　1点差で負けるなんて、くやしい（　　　　）。

　　1　といったところだ　　　　　　2　といったらない
　　3　にかたくない　　　　　　　　4　までもない

1	① ● ③ ④

◖ **포인트**

일본어능력시험에서는 기능어 그 자체에 대한 단편적인 지식보다 문장구조에 대한 이해력과 판단력이 중요시되기 때문에 문말표현(~ずにはおかない 등)을 비롯하여 선택지가 긴 문제가 많아졌다. 출제기준 중에서 문어체 표현(~こととて, ~だに, ~たりとも, ~はおろか, ~まじき)은 일상생활에서의 활용력을 중시하는 신 출제기준에 의해 배제되고 있다. 그리고 기존 1급에서는 출제되지 않았던 경어문제가 N1에서는 1,2문제 정도 출제가 되기 때문에 경어 표현도 학습해야 한다.

◖ **학습요령**

기존의 문법 공부할 때처럼 기능어를 단어처럼 달달 외워서는 안 되고, 기능어가 들어 있는 좋은 예문을 문장 단위로 외우는 연습이 필요하다. 이것은 문제 6을 푸는 힘을 키우기 위해서도 중요하다. 선택지가 긴 문제는 문제문을 해석하면서 한국어로 (　)안에 들어갈 말을 먼저 적어 놓은 다음, 답을 선택지에서 고르는 방법을 권하고 싶다. 선택지를 먼저 보게 되면 현혹되기 쉽기 때문이다.

問題5 次の文の(　　　　　　　)に入れるのに最もよいものを、1・2・3・4から一つ選びなさい。

1 彼は15年も日本にいた(　　　　　　　)さすがに日本語が上手だ。
1 ことで　　　　2 からには　　　　3 だけあって　　　4 にしては

2 誰が何と(　　　　　　)、私は自分が思ったとおりにやるつもりだ。
1 言うと　　　　2 言ったら　　　　3 言わぬなら　　　4 言おうと

3 私たちにこの仕事ができるかどうかは(　　　　　　)、一度やるだけはやってみましょう。
1 まだしも　　　2 ともかく　　　3 いかんによらず　4 にもかかわらず

4 どんなことが(　　　　　　)、必ずそこへ行くつもりだ。
1 あると　　　　2 あったら　　　　3 あろうと　　　　4 あれば

5 会って話してみない(　　　　　　) 彼女の本当の気持ちはわからない。
1 ためには　　　2 ことには　　　3 からには　　　4 わりには

6 この小説は実際にあった事件を(　　　　　　)、作られている。
1 即して　　　　2 基にして　　　　3 応じて　　　　4 伴って

7 あの子は家で勉強する(　　　　　　) 学校から帰ってきたら毎日ゲームしかしてない。
1 どころか　　　2 はずか　　　　3 ばかりか　　　4 にもかかわらず

8 報告書は現地での綿密な調査(　　　　　　) 作成された。
1 に際して　　　2 に比べて　　　3 にあたって　　4 に基づいて

9 事故の処理をしている、その(　　　　　　) また別の事故が起きた。
1 あとに　　　　2 最中に　　　　3 うちに　　　　4 まえに

10 あの子は注意しても言った(　　　　　　) 忘れてしまう。
1 ごとに　　　　2 たびに　　　　3 そばから　　　　4 あとから

정답　1③　2④　3②　4③　5②　6②　7①　8④　9②　10③

問題5 次の文の（　　　　　　）に入れるのに最もよいものを、1・2・3・4から一つ選びなさい。

1 そこへは行きたくなかったが、（　　　　　　）行かないわけにはいかなかった。
1 からすると　　2 かといって　　3 ともすると　　4 ともなると

2 そのホテルにはエアコン（　　　　　）扇風機さえもなかった。
1 はおろか　　2 ばかりで　　3 にとどまらず　　4 だけに

3 何が（　　　　　）分からなくなってしまった。
1 何やら　　2 何でも　　3 何とか　　4 何にも

4 友達がお金に困っているのを見るに（　　　　　）少し貸してあげることにした。
1 見て　　2 見ずに　　3 見ないで　　4 見かねて

5 子供にそんなことを言っても（　　　　　）と思ってあきらめた。
1 わかるまい　　2 わからず　　3 わかりかねる　　4 わかるべき

6 結婚して子供が生まれた時、どれだけ幸せだった（　　　　　）。
1 なんて　　2 ことか　　3 ものを　　4 とは

7 田中さんはしょうがない人で、海外旅行へ行くのにパスポートを忘れる（　　　　　）。
1 きわみだ　　2 しまつだ　　3 ゆえだ　　4 すえだ

8 何度断られても、彼はあきらめる（　　　　　）交渉をつづけた。
1 までもなく　　2 ことなく　　3 わけでなく　　4 ところがなく

9 驚いた（　　　　　）優勝候補だった彼女が予選で敗れてしまった。
1 はずで　　2 わけで　　3 ものに　　4 ことに

10 新しい経営陣の（　　　　　）社員たちは会社の再建に取り組んだ。
1 もとで　　2 ためて　　3 せいで　　4 うちで

問題5 次の文の (　　　　　) に入れるのに最もよいものを、1・2・3・4から一つ選びなさい。

1 田中さんがあんなに怒るのには(　　　　　) の理由があったのだろう。
1 それまで　　　2 それなり　　　3 それほど　　　4 それから

2 最近、忘れ(　　　　　) なって、人の名前を思い出せないことが多い。
1 っぽく　　　2 ばかりに　　　3 からに　　　4 ぶりに

3 政権交代を実現させて、新しい国を(　　　　　) と訴えた。
1 造ろうではあるまい　　　　2 造ろうではないか
3 造ってやまない　　　　　　4 造ろうではすまされない

4 A：新婚生活はいかがですか。
　　B：けんかも多いですが、なかなか楽しい(　　　　　)。
1 もんですよ　　2 ことですよ　　3 わけですよ　　　4 ところですよ

5 宇宙に生物が存在しないのは、水と空気がない(　　　　　)。
1 ことにはならないからだ　　　　2 ものでもないからだ
3 までもないからだ　　　　　　　4 からにほかならない

6 父は来週入院するとはいっても、手術を(　　　　　) ということだった。
1 するに決まっている　　　　2 するに限る
3 するとは限らない　　　　　4 しかねない

7 同じ失敗は二度と繰り返す(　　　　　) 必死に努力した。
1 かわりに　　　2 まいと　　　3 からといって　　　4 ようにと

8 運動不足だから散歩をする(　　　　　) 水泳をする(　　　　　) なにかしたらど
うですか。
1 でも / でも　　　　　　　　2 なり / なり
3 であれ / であれ　　　　　　4 というか / というか

9 勉強もしないでテレビばかり見ている(　　　　　　　) 試験に合格するのは難しいだろう。

1　とはいえ　　　　　2　ようでは　　　　　3　ためには　　　　　4　からには

10 難しいことはわかっているが、何とかして一流企業に就職できない(　　　　　　)。

1　つもりはない　　　　　　　　2　わけにはいかない

3　ものだろうか　　　　　　　　4　はずだろうか

問題5 次の文の(　　　　　　) に入れるのに最もよいものを、1・2・3・4から一つ選びなさい。

1 彼ほどの実力と経歴なら、就職先は(　　　　　　) なかなか仕事が見つからないと困っている。
1　いくらでもできるようだが　　　　　2　誰にでもあるようだが
3　いくらでもありそうなものだが　　　4　誰にでもありそうなものだが

2 A：悪いけど、明日の土曜日、出社してもらえないかなあ。
B：申し訳ありません。実は明日は引越しをする(　　　　　　)。
1　ものですから　　2　わけですから　　3　はずですから　　4　ところですから

3 費用も時間も(　　　　　　) 今回の新都市開発は中止になった。
1　かかりすぎることから　　　　　　2　かかりすぎることからして
3　かかりにくいことから　　　　　　4　かかりにくいことからして

4 客　：どうですか。どこが悪いか、故障の原因は分かりましたか。
店員：そうですね。もうすこし(　　　　　　) まだちょっとわかりませんね。
1　調べてみることなく　　　　　　　2　調べてみることには
3　調べてみないことなく　　　　　　4　調べてみないことには

5 彼はけがのためプロの選手としてサッカーを続ける(　　　　　　)、完全にサッカーをやめるつもりはない。
1　わけにはいかなくなったものの
2　ことではなくなったものの
3　わけにはいかなくなってからというもの
4　ことではなくなってからというもの

6 A：もしもし、山田課長いらっしゃいますか。
B：申し訳ございません。山田はただいま会議中でございますが、よろしければご用件を(　　　　　　)。
1　うけたまわっていただきますか　　2　うけたまわっていただけますか
3　うけたまわりますが　　　　　　　4　うけたまわれますか

7 誰に何と(　　　　　　) 私はこの計画を実行に移すつもりだ。

1　言おうと　　　　2　言うまいと　　　　3　言われまいと　　　4　言われようと

8 失敗することもあろう(　　　　　　) 思います。

1　にも　　　　　　2　とも　　　　　　　3　とて　　　　　　　4　かと

9 本物そっくりにできているので、まさかにせもの(　　　　　　) 誰も思わないだろう。

1　などとは　　　　2　でも　　　　　　　3　なら　　　　　　　4　なんか

10 そうですか、差し支えなければ理由を(　　　　　　)。

1　お聞かせいたしましょうか　　　　　2　お聞かせ願えませんでしょうか。

3　お聞きくださいますでしょうか　　　4　お聞きになれますでしょうか

問題5 次の文の _____ に入れるのに最もよいものを、1・2・3・4から一つ選びなさい。

1 できるかぎりのことはやったのだから、あとは運を天に任す(　　　　　)。
　　1　までもない　　2　じまいだ　　3　よりほかない　　4　ではすまされない

2 明日から連休だし、今夜は大いに(　　　　　)と友達を誘った。
　　1　飲もうじゃあるまいし　　　　　2　飲まずにはおかない
　　3　飲もうじゃないか　　　　　　　4　飲むところだ

3 このような事故がいつまた(　　　　　)これからもよく注意してください。
　　1　起きろとも思えないし　　　　　2　起きるかわからないので
　　3　起きないではすまないし　　　　4　起きないかもしれないので

4 優勝したといってもオリンピックで(　　　　　)そんなに大騒ぎする必要はありませんよ。
　　1　優勝したわけじゃあるまいし　　2　優勝するわけじゃあるまいし
　　3　優勝したつもりにしても　　　　4　優勝するつもりにしても

5 雑誌やテレビで紹介(　　　　　)店の中は言うまでもなく、毎日店の前にまで行列ができるようになった。
　　1　されるようになったものの　　　2　されるようになってからというもの
　　3　になることになったものの　　　4　になることになってからというもの

6 名誉ある賞を頂き、また、身に余るお褒めの言葉を賜り、光栄(　　　　　)。
　　1　のあまりです　　2　を下りません　　3　を禁じえません　　4　の至りです

7 あの有名人が本当にここに来る(　　　　　)大変な騒ぎになることは間違いない。
　　1　が最後　　　　2　なり　　　　3　ばこそ　　　　4　ともなれば

8 彼は入社して、たった1年(　　　　　)課長に昇進した。
　　1　たりとも　　　2　かぎりで　　　3　たらずで　　　4　にかけて

9 不合格になった人(　　　　　)合格した人がうらやましくないわけがないだろう。
　　1　にしてみれば　2　にしては　　　3　だけあって　　　4　のわりには

10 雪山で過ごした一夜の、あの凍り付くような寒さ(　　　　　)。
　　1　でなくてなんだろう　　　　　　2　を余儀なくされた
　　3　といったらなかった　　　　　　4　をおいてほかにはなかった

問題5 次の文の(　　　　　)に入れるのに最もよいものを、1・2・3・4から一つ選びなさい。

1 お忙しいのはよくわかりますが、30分だけでもお時間を(　　　　　)。
1　頂戴できませんでしょうか　　　　2　頂戴しませんでしょうか
3　さしあげられませんでしょうか　　4　さしあげませんでしょうか

2 昨日から腰の痛みがひどくなって、腰をかがめて顔も洗えない(　　　　　)。
1　しまつだ　　　2　じまいだ　　　3　一方だ　　　4　かぎりだ

3 早く結論を出せれば、それに(　　　　　)がなかなか意見がまとまらない。
1　よったことはない　　　　2　そったことはない
3　こしたことはない　　　　4　とどまらない

4 一流の歌手になる(　　　　　)、彼女は日々歌の練習に明け暮れた。
1　べく　　　　2　べき　　　　3　べし　　　　4　べからず

5 今日(　　　　　)職場を去る田中部長に対して、花束と記念品が贈られた。
1　が早いか　　2　にあたって　　3　をかぎりに　　4　をかわきりに

6 検査の結果(　　　　　)、手術をすることになるかもしれない。
1　ならでは　　2　いかんでは　　3　はおろか　　4　にしては

7 そんなことは、子供(　　　　　)知っていますよ。
1　にすら　　　2　がすら　　　3　ですら　　　4　もすら

8 この蛇の毒は猛毒だから、かまれた(　　　　　)死ぬことはほぼ間違いない。
1　ところで　　2　やいなや　　3　としたって　　4　が最後

9 昔はいくらでも飲めたのに、最近はビール1杯でも酔ってしまうとは、まことにさびしい(　　　　　)。
1　かぎりだ　　2　までだ　　　3　ところだ　　　4　しまつだ

10 男性中心の社会では、女性である(　　　　　)不利なこともある。
1　にせよ　　　2　うえに　　　3　かたわら　　　4　がゆえに

정답　　1①　　2①　　3③　　4①　　5③　　6②　　7③　　8④　　9①　　10④

확인문제 ①

1 그는 15년이나 일본에 있었던 만큼 역시 일본어를 잘한다.
2 누가 뭐라고 해도 나는 내가 생각한 대로 할 작정이다.
3 우리들에게 이 일이 가능할지 어떨지는 상관없이, 한번 하는 데까지는 해 봅시다.
4 어떤 일이 있어도 반드시 그곳에 갈 작정이다.
5 만나서 이야기해 보지 않고서는 그녀의 본심은 알 수 없다.
6 이 소설은 실제 있었던 사건을 바탕으로 하여 만들어졌다.
7 저 아이는 집에서 공부하기는커녕 학교에서 돌아오면 매일 게임만 한다.
8 보고서는 현지에서의 면밀한 조사에 근거하여 작성되었다.
9 한창 사고처리를 하고 있는 중에 또 다른 사고가 일어났다.
10 저 아이는 주의를 줘도 말하자마자 까먹어 버린다.

확인문제 ②

1 그곳에는 가고 싶지 않았지만, 그렇다고 해서 가지 않을 수는 없었다.
2 그 호텔에는 에어컨은 고사하고 선풍기조차 없었다.
3 뭐가 뭔지 알 수 없게 되어 버렸다.
4 친구가 돈 때문에 곤란해하는 것을 차마 볼 수 없어 조금 빌려주기로 했다.
5 아이에게 그런 것을 말해도 알 리가 없다고 생각해 포기했다.
6 결혼해서 아이가 태어났을 때, 얼마나 행복해 했는지 몰라.
7 다나카씨는 어쩔 수 없는 사람으로, 해외여행을 가는데 여권을 깜빡 잊어버렸다(깜빡한 지경이다).
8 몇 번 거절당해도 그는 포기하지 않고 교섭을 계속했다.
9 놀랍게도 우승 후보였던 그녀가 예선에서 지고 말았다.

10 새로운 경영진 밑에서 사원들은 회사 재건에 착수했다.

확인문제 ③

1 다나카 씨가 그렇게 화를 내는 데에는 그럴만한 이유가 있었을 것이다.
2 요즘 건망증이 심해져서, 사람 이름을 기억해내지 못하는 경우가 많다.
3 정권교체를 실현시켜 새로운 나라를 만들자고 호소했다.
4 A: 신혼생활은 어때요?
   B: 싸움도 많이 하지만, 꽤 즐거워요.
5 우주에 생물이 존재하지 않는 것은 물과 공기가 없기 때문이다.
6 아버지는 다음 주에 입원한다고는 해도 꼭 수술하는 것은 아니라고 한다.
7 같은 실패는 두 번 다시 반복하지 않겠다고 필사적으로 노력했다.
8 운동 부족이니까 산책을 하든 수영을 하든 무언가 하는게 어때요?
9 공부도 하지 않고 텔레비전만 보고 있어서는 시험에 합격하는 것은 어려울 것이다.
10 어려운 것은 알고 있지만, 어떻게든 일류 기업에 취직할 수는 없을까.

확인문제 ④

1 그 남자 정도의 실력과 경력이라면 취직할 곳은 얼마든지 있을 것 같은데 좀처럼 일을 구하지 못한다고 힘들어하고 있다.
2 A : 미안하지만, 내일 토요일 출근해 줄 수 있을까?
   B : 죄송합니다. 사실은 내일 이사를 하기 때문에.
3 비용도 시간도 너무 많이 들기때문에 이번 신도시 개발은 중지되었다.
4 손님 : 어떻습니까? 어디가 안 좋은지 고장의 원인은 알았습니까?
   점원 : 글쎄요. 조금 더 조사해보지 않고서는 아직 좀 알 수 없네요.

5   그는 부상 때문에 프로 선수로서 축구를 계속할 수
    없게 되었지만, 완전히 축구를 그만둘 생각은 없다.
6   A : 여보세요, 야마다 과장님 계십니까?
    B : 죄송합니다. 야마다는 지금 회의 중이라, 괜찮으
        시면 제가 용건을 듣도록 하겠습니다만….
7   누가 뭐라고 하든 나는 이 계획을 실행에 옮길 작정
    이다.
8   실패할 수도 있을 거라고 생각합니다.
9   진짜와 똑같이 만들어져 설마 가짜라고는 아무도 생
    각 안 할 것이다.
10 그렇습니까. 지장이 안 된다면 이유를 들려 주시겠
    습니까?

1   할 수 있는 것은 했으니, 이제는 운을 하늘에 맡기는
    수 밖에 없다.
2. 내일부터 연휴이기도 하고, 오늘 밤은 실컷 마셔보
    자며 친구를 불러냈다.
3   이와 같은 사고는 언제 또 일어날지 모르니까 앞으
    로도 주의해 주세요.
4   우승했다고 해도 올림픽에서 우승한 것도 아니고 그
    렇게 소란 피울 필요는 없습니다.
5   잡지나 텔레비전에 소개되고 나서부터는 가게 안은
    말할 것도 없이 매일 가게 앞까지 행렬을 이루게 되
    었다.
6   명예로운 상을 주시고 또 분에 넘치는 칭찬의 말을
    해주셔서, 영광스럽기 그지없습니다.
7   그 유명인이 정말 여기에 온다고 하면 큰 소동이 일
    어날 것임이 틀림없다.
8   그는 입사해 1년도 채 되지 않아 과장으로 승진했다.
9   불합격이 된 사람 입장에는 합격한 사람이 부럽지
    않을 리가 없을 것이다.
10 설산에서 지낸 하룻밤, 그 얼어붙는 듯한 추위는 이
    루 말할 수 없었다.

1   바쁘신 것은 잘 알지만, 30분 만이라도 시간을 내 주
    실 수 없겠습니까?
2   어제부터 허리 통증이 심해져 허리를 굽혀 얼굴도
    씻지 못할 지경이다.
3   빨리 결론을 내릴 수 있다면, 그것이 가장 좋지만 좀
    처럼 의견이 통합되지 않는다.
4   일류 가수가 되기 위해, 그녀는 매일 노래 연습으로
    나날을 보냈다.
5   오늘을 마지막으로 직장을 떠나는 다나카 부장님께
    꽃다발과 기념품이 선사되었다.
6   검사 결과 여하로는 수술을 하게 될지도 모른다.
7   그런 것은 아이조차도 알고 있어요.
8   이 뱀의 독은 맹독이므로 물렸다가는 죽는 것은 거
    의 틀림없다.
9   옛날에는 얼마든지 마실 수 있었는데, 요즘에는 맥
    주 한 잔으로도 취하고 말다니 정말로 쓸쓸하다.
10 남성 중심의 사회에서는 여성이기 때문에 불리한 일
    도 있다.

問題 6 ▸ 문장만들기

문제유형 **문장만들기 (5문항)**

새로운 유형의 문법 문제로 문장을 바르게 나열하는 문제이다. 선택지 4개의 어휘를 올바른 순서로 나열해서 __★__ 에 들어가는 답을 찾으면 된다.

例

問題6 次の文の __★__ に入る最もよいものを、1・2・3・4から一つ選びなさい。

36 運動もしないで _____ _____ __★__ _____ 太ってしまいますよ。

　　1 ばかり　　2 そんなに　　3 いると　　4 食べて

| 36 | ● ② ③ ④ |

포인트

정답이 들어가야 할 ★의 위치가 어디인지 혼동하지 않도록 주의하자.
★위치는 대부분 3번째이지만, 가끔 2번째일 때도 있다.

학습요령

① 문장만들기는 문제를 먼저 읽는 것이 아니고 4개의 선택지만으로 먼저 하나의 문장을 만들어 보면 된다. 4개의 선택지로 문맥에 맞게 연결하다 보면 하나가 남을 것이다. 그 하나를 4개의 빈칸 중 맨 앞 또는 맨 뒤에 넣고 나열하면 문맥에 맞는 문장이 되는 경우가 많다.

② 問題 6의 문장만들기 문제에 대비하기 위해서는 단순히 문법적인 기능어만을 외우는 기존의 문법 공부 방식을 탈피하여 문법 기능어를 이용해서 문장을 만들어 보는 연습을 해 보는 것이 좋다. 새로운 형식의 문제라서 이 형식에 익숙해질 때까지는 반복적인 연습이 중요하다. 처음에는 어렵다고 생각되겠지만 문맥에 맞게 문장을 조합해 보는 연습을 계속하다 보면 작문 실력도 쑥쑥 올라갈 것이다.

問題6 次の文の __★__ に入る最もよいものを、1・2・3・4から一つ選びなさい。

1 ピアニストの彼女は、去年 _____ _____ __★__ _____ 演奏してまわった。
1　日本を　　　　　2　各地を　　　　　3　はじめ　　　　　4　世界の

2 あとで後悔する _____ __★__ _____ _____ やらないほうがいいじゃありませんか。
1　なら　　　　　　2　から　　　　　　3　くらい　　　　　4　はじめ

3 先週、出張で東京に _____ _____ __★__ _____ 友達に連絡して食事を一緒にした。
1　住んでいる　　　2　ついでに　　　　3　近くに　　　　　4　行った

4 彼女は、みんなから _____ _____ __★__ _____ いい女性だった。
1　とおりに　　　　2　頭も　　　　　　3　美人で　　　　　4　聞いていた

5 本日は遠い _____ _____ __★__ _____ ありがとうございます。
1　おこし　　　　　2　わざわざ　　　　3　ところを　　　　4　くださいまして

6 あの選手はまだ高校生で、_____ _____ __★__ _____ 伸びますよ。
1　もっと　　　　　2　年も　　　　　　3　ことだし　　　　4　若い

7 友達から借りた本は、とっくに返した _____ _____ __★__ _____ もらっていないと
言われて驚いた。
1　返して　　　　　2　いたが　　　　　3　つもりで　　　　4　まだ

8 私の日本での生活については _____ _____ __★__ _____ 語れない。
1　お世話になった　2　ぬきには　　　　3　山田さん　　　　4　なにも

9 山田氏を_____ _____ __★__ _____ 選挙戦に注目が集まった。
1　立ち上げられた　2　代表とする　　　3　ことから　　　　4　新政党が

10 先月までよく売れていた商品の売り上げが _____ _____ __★__ _____ 原因なのか調
べてみた。
1　一方　　　　　　2　何が　　　　　　3　減る　　　　　　4　なので

정답　1④(1-3-4-2)　2①(3-1-4-2)　3③(4-2-3-1)　4③(4-1-3-2)　5①(3-2-1-4)　6③(2-4-3-1)　7④(3-2-4-1)
8②(1-3-2-4)　9①(2-4-1-3)　10④(3-1-4-2)

問題6 次の文の ___★___ に入る最もよいものを、1・2・3・4から一つ選びなさい。

1 山田さんってすごくやさしい人ですね。人は _____ _____ ___★___ _____ 本当ですね。

1 って　　　　　　2 見かけに　　　　3 いうけど　　　　4 よらない

2 私としては、友達のために _____ _____ ___★___ _____ つもりです。

1 だけの　　　　　2 やれる　　　　　3 やった　　　　　4 ことは

3 こんなに壊れて _____ _____ ___★___ _____ ないと店の人に言われた。

1 いては　　　　　2 しまって　　　　3 ようが　　　　　4 直し

4 彼は何年 _____ _____ ___★___ _____ と決心した。

1 かならず　　　　2 かかっても　　　3 みせる　　　　　4 成功して

5 もう二度と酒は _____ _____ ___★___ _____ 飲んでしまう。

1 決心しても　　　2 飲む　　　　　　3 まいと　　　　　4 つい

6 彼は五年前に一度事故を起して _____ _____ ___★___ _____ しなかった。

1 しようとは　　　2 二度と　　　　　3 運転を　　　　　4 以来

7 あの選手のように _____ _____ ___★___ _____ いいという態度はスポーツ選手として立派なものではない。

1 さえ　　　　　　2 勝ち　　　　　　3 それで　　　　　4 すれば

8 彼は何度 _____ _____ ___★___ _____ 実験を続けた。

1 ことなく　　　　2 しても　　　　　3 失敗を　　　　　4 あきらめる

9 大事なお金だから _____ _____ ___★___ _____ 必要にせまられて使ってしまった。

1 おこうと　　　　2 急に　　　　　　3 使わないで　　　4 したが

10 この仕事を _____ _____ ___★___ _____ なんて、とても無理です。

1 まだしも　　　　2 しあげる　　　　3 今週中に　　　　4 来週なら

정답　1 ① (2-4-1-3)　2 ④ (2-1-4-3)　3 ④ (2-1-4-3)　4 ④ (2-1-4-3)　5 ① (2-3-1-4)　6 ③ (4-2-3-1)　7 ④ (2-1-4-3)
　　　　8 ④ (3-2-4-1)　9 ④ (3-1-4-2)　10 ③ (4-1-3-2)

98

問題6 次の文の ___★___ に入る最もよいものを、1・2・3・4から一つ選びなさい。

1 明日のパーティーに山本先生も ＿＿＿ ＿＿＿ ＿★＿ ＿＿＿ 先生に連絡だけはしておきましょう。
　　1　とりあえず　　　2　かどうかは　　　3　いらっしゃれる　4　ともかく

2 ＿＿＿ ＿＿＿ ＿★＿ ＿＿＿ 卑怯(ひきょう)なことはしない。
　　1　勝たんがため　2　そんな　　　　　3　いくら　　　　　4　とはいえ

3 A：すみませんが、袋をひとついただけますか。
　　B：どんな袋がいいですか。
　　A：この本が入る袋 ＿＿＿ ＿＿＿ ＿★＿ ＿＿＿ かまいませんが。
　　1　袋　　　　　　2　だって　　　　　3　どんな　　　　　4　なら

4 実際に台風が ＿＿＿ ＿＿＿ ＿★＿ ＿＿＿ こしたことはない。
　　1　来ようが　　　2　もしもの場合に　3　備えるに　　　　4　来るまいが

5 彼は ＿＿＿ ＿＿＿ ＿★＿ ＿＿＿ 彼女の名前を口にすることはなかった。
　　1　別れてから　　2　一度も　　　　　3　彼女と　　　　　4　というもの

6 この薬は、ガン細胞の活動を ＿＿＿ ＿＿＿ ＿★＿ ＿＿＿ 大きな効果があると期待されている。
　　1　予防する　　　2　ばかりでなく　　3　上でも　　　　　4　抑える

7 本当の病名については ＿＿＿ ＿★＿ ＿＿＿ ＿＿＿ 話してしまうんですか。
　　1　いいものを　　2　黙っていれば　　3　どうして　　　　4　正直に

8 これまでの ＿＿＿ ＿＿＿ ＿★＿ ＿＿＿ 一言では言い表せません。
　　1　苦労　　　　　2　彼の　　　　　　3　といったら　　　4　とても

9 子どもを育てる ＿＿＿ ＿＿＿ ＿★＿ ＿＿＿ 初めて理解できるようになった。
　　1　大変か　　　　2　ことが　　　　　3　親になって　　　4　いかに

10 周りの人が賛成して ＿＿＿ ＿＿＿ ＿★＿ ＿＿＿ しかない。
　　1　やっていく　　2　私なりに　　　　3　くれまいが　　　4　くれようが

정답　1④(3-2-4-1) 2④(3-1-4-2) 3①(4-3-1-2) 4②(1-4-2-3) 5④(3-1-4-2) 6①(4-2-1-3) 7①(2-1-3-4)
　　　8③(2-1-3-4) 9①(2-4-1-3) 10②(4-3-2-1)

問題6 次の文の ＿＿★＿＿ に入る最もよいものを、1・2・3・4から一つ選びなさい。

1 彼の論文は、＿＿＿＿ ＿★＿ ＿＿＿＿ ＿＿＿＿ 大変素晴らしい。
　　1　内容が　　　　　2　テーマも　　　3　構成と　　　　4　さることながら

2 役員会をいつ開くかは、＿＿＿＿ ＿＿＿＿ ＿★＿ ＿＿＿＿ 私一人では決められません。
　　1　役員の　　　　　2　ことには　　　3　聞いてみない　　4　みんなに

3 景気は少しずつ ＿＿＿＿ ＿＿＿＿ ＿★＿ ＿＿＿＿ まだ決していいとは言えない。
　　1　とはいえ　　　　2　向かい　　　　3　回復に　　　　4　つつある

4 出版までにはまだ時間がありますから、原稿を提出するのが ＿＿＿＿ ＿＿＿＿ ＿★＿
　　＿＿＿＿ ありません。
　　1　二、三日　　　　2　たとえ　　　　3　困ることは　　　4　遅れても

5 科学技術が ＿＿＿＿ ＿★＿ ＿＿＿＿ ＿＿＿＿ 問題も発生する。
　　1　さまざまな　　　2　とはいえ　　　3　発達すれば　　　4　便利になる

6 最高級のワイン ＿＿＿＿ ＿＿＿＿ ＿★＿ ＿＿＿＿ まるで違いますね。
　　1　さることながら　　　　　　　　　2　味も
　　3　香りが　　　　　　　　　　　　　4　だけあって

7 あの店のステーキなら、＿＿＿＿ ＿★＿ ＿＿＿＿ ＿＿＿＿ ところだろう。
　　1　二、三千円　　　2　高かった　　　3　ところで　　　4　といった

8 もう少し資金さえあれば、この土地を ＿＿＿＿ ＿＿＿＿ ＿★＿ ＿＿＿＿ と残念でならない。
　　1　までも　　　　　2　だろうに　　　3　全部は買えない　4　半分は買える

9 受賞にふさわしい人であれば、＿＿＿＿ ＿＿＿＿ ＿★＿ ＿＿＿＿ ではないだろうか。
　　1　しかるべき　　　2　外国人であれ　3　それが　　　　4　賞を与えて

10 今月の売り上げ ＿＿＿＿ ＿＿＿＿ ＿★＿ ＿＿＿＿ ことになりそうだ。
　　1　余儀なくされる　2　店舗の撤収も　3　いかんでは　　　4　店舗の拡張はおろか

정답　1④ (2-4-3-1)　2③ (1-4-3-2)　3④ (3-2-4-1)　4④ (2-1-4-3)　5④ (3-4-2-1)　6① (4-2-1-3)　7③ (2-3-1-4)
　　　8④ (3-1-4-2)　9④ (3-2-4-1)　10② (3-4-2-1)

확인문제 ❶

1. 피아니스트인 그녀는 작년 일본을 시작으로 세계 각 지를 연주하며 돌았다.
2. 나중에 후회할 정도라면 처음부터 하지 않는 편이 좋지 않습니까?
3. 지난주 출장으로 도쿄에 간 김에 근처에 살고 있는 친구에게 연락해 함께 식사를 했다.
4. 그녀는 모두에게 들었던 대로 미인이고 머리도 좋은 여성이었다.
5. 오늘은 먼 곳을 일부러 찾아와 주셔서 감사합니다.
6. 저 선수는 아직 고등학생이고, 나이도 어리니까 더 성장할 것입니다.
7. 친구에게 빌린 책은 훨씬 전에 돌려줬다고 생각하고 있었는데 아직 돌려받지 못했다고 해서 놀랐다.
8. 내 일본에서의 생활에 대해서는 신세를 진 야마다 씨를 빼고는 아무것도 이야기 할 수 없다.
9. 야마다 씨를 대표로 하는 신정당이 창당되었다고 해선거전에 주목이 쏠렸다.
10. 지난달까지 잘 팔리던 상품의 매출이 계속 줄기만 해서 무엇이 원인인지 조사해 보았다.

확인문제 ❷

1. 야마다 씨는 정말 친절한 분이시군요. 사람은 겉보기와는 다르다고 하던데 정말이네요.
2. 저로서는 친구를 위해서 할 수 있는 것은 한 셈입니다.
3. 이렇게 망가져 버려서는 고칠 방법이 없다고 가게 사람이 말했다.
4. 그는 몇 년이 걸려도 반드시 성공해 보이겠다고 결심했다.
5. 두 번 다시 술은 마시지 않겠다고 결심해도 무심코 마시고 만다.
6. 그는 5년 전에 한번 사고를 일으킨 이래 두 번 다시 운전을 하려고는 하지 않았다.
7. 그 선수처럼 이기기만 하면 그걸로 된다는 식의 태도는 스포츠 선수로서 훌륭한 것은 아니다.
8. 그는 몇 번 실패를 해도 포기하지 않고 실험을 계속했다.
9. 중요한 돈이니까 쓰지 않고 두려고 했지만 급하게 필요해져서 쓰고 말았다.
10. 이 일을 다음 주라면 모르겠지만 이번 주 중에 끝낸다는 것은 도저히 무리입니다.

확인문제 ❸

1. 내일 파티에 야마모토 선생님도 오시든 오시지 않든 간에 우선 선생님께 연락만은 해 둡시다.
2. 아무리 이기기 위해서라고 해도 그런 비겁한 짓은 하지 않는다.
3. A: 죄송하지만 봉투를 하나 받을 수 있을까요?
   B: 어떤 봉투가 좋으신가요?
   A: 이 책이 들어가는 봉투라면 어떤 봉투여도 상관없습니다만.
4. 실제로 태풍이 오든 오지 않든 간에 만약의 경우에 대비하는 것이 가장 좋다.
5. 그는 그녀와 헤어진 후로 한번도 그녀의 이름을 말한 적은 없었다.
6. 이 약은 암세포 활동을 억제하는 것 뿐만 아니라 예방하는데 있어서도 큰 효과가 있다고 기대되고 있다.
7. 진짜 병명에 대해서는 잠자코 있으면 될 것을 어째서 솔직하게 말해버린 것입니까?
8. 이제까지의 그의 고생은 도저히 한마디로는 표현 할 수 없습니다.
9. 아이를 키우는 것이 얼마나 힘든지 부모가 돼서 비로소 이해할 수 있게 되었다.
10. 주위 사람들이 찬성해 주든 해 주지 않든 내 나름대로 해 나가는 수 밖에 없다.

확인문제 ❹

1. 그의 논문은 테마는 물론이거니와 구성과 내용이 아주 훌륭하다.
2. 임원회를 언제 열지는, 임원 모두에게 물어보지 않고서는 저 혼자 결정할 수 없습니다.
3. 경기는 조금씩 회복해 가고 있다고는 하지만, 아직 결코 좋다고는 할 수 없다.
4. 출판까지는 아직 시간이 있으니, 원고를 제출하는 것이 설령 2,3일 늦어져도 곤란한 일은 없습니다.
5. 과학기술이 발달하면 편리해진다고 하더라도 여러 가지 문제도 발생한다.
6. 최고급 와인인 만큼 맛은 물론이거니와 향기가 전혀 다르군요.
7. 저 가게 스테이크라면 비싸봤자 2~3천엔 정도겠지.
8. 자금만 좀 더 있으면 이 땅을 전부는 살 수 없더라도 절반은 살 수 있을 텐데 유감스럽기 그지없다.
9. 수상하기에 적합한 사람이라면 그 사람이 외국인이라도 상을 주는 것이 마땅하지 않을까?
10. 이번 달 매출에 따라서는 점포 확장은커녕 점포 철수도 불가피하게 될 것 같다.

問題 7 ▶ 글의 문법

주어진 글을 읽어가면서 글의 내용과 흐름에 맞는 말을 빈 칸에 넣는 문제이다.

例

問題7　次の文章を読んで、文章全体の趣旨を踏まえて、41から45の中に入る
最もよいものを 1・2・3・4 から一つ選びなさい。

> 人の話をもっと上手に聞けるようにしたいと思ったことは、あるだろうか？
> 　41　、あなたは少数派に属する。たいていの人は、もっと上手に話せるよう
> にしたいと思うことはあるにしても、もっと上手に聞けるようにしたいと思うこ
> とは、あまりない。そんなことはおもいもよらないというひとだって　42　。

41　1　もしあるとしても　　　　　　2　もしあるとしたら

　　3　あってもなくても　　　　　　4　もしないとすれば

41	① ● ③ ④

포인트

問題 7에서는 단락과 단락을 잇는 접속사와 긍정・부정・부분부정 등을 묻는 문말
표현 문제가 반드시 출제되며, 문맥상 적합한 지시어를 고르는 문제도 나올 수가 있
다. 그리고 문법적인 기능어가 아니더라도 글의 흐름 속에서 중요한 역할을 가지고
있는 단어를 고르는 문제도 꼭 출제된다.

학습요령

問題 7은 問題 6과 달리 선택지를 먼저 봐서는 안 된다. 아무리 급해도 글 전체를
처음부터 차근차근 　　　　 안을 자신의 말로 채워가며 읽어간다. 그것을 토대로 선
택지를 보면 정답이 보일 것이다.
　　　　 안에 들어갈 적당한 말을 찾기 어려울 때는 글의 흐름과 논리의 방향을 기호
로만 표시해도 된다. 순접은 →, 역접은 ←, 부연은 〈, 바꾸어 말하기는 ≒, 긍정은
○, 부정은 × 등과 같은 기호로 메모해 보자.

問題7　次の文章を読んで、文章全体の趣旨を踏まえて、 1 から 5 の中に入る最もよいもの
　　　　を、1・2・3・4から一つ選びなさい。

　「ヘタウマ」とか「ウマヘタ」などの言葉をよく使うようになった。この二つの意味
は、「ヘタウマ」とは「下手そうに見えるが実は上手い」ことで、「ウマヘタ」とは「上
手そうに見えるが実は下手」という意味である。このほかにも「ウマウマ(上手そうに
見えて本当に上手い)」「ヘタヘタ(下手そうに見えて本当に下手)」という　1　。
　一般的な常識では、「1. ウマウマ　2. ヘタウマ　3. ウマヘタ　4. ヘタヘタ」の順位
である。特にプロスポーツなどでは、ウマヘタは所詮アマチュア、ヘタヘタは完全
な素人であるから、ウマウマかヘタウマしかない。プロレベルになると、素人目に
は不格好で下手に見えても「プロの技」を持っていないと通用しないから、実際には
みんな上手いのである。
　しかし、絵の世界では「1. 2-a 　2. 2-b 　3. ウマウマ　4. 2-c 」の順位となるのだ
そうだ。芸術の世界ではヘタウマが最高でウマヘタが最低なのはなんとなくわかる
が、 2-b がウマウマよりも上にランクされているのは門外漢には理解が難しい。
　聞いてみると、どんなに上手くかけた絵でも　3　絵としては魅力がない。しか
し、「何だこれ、何が描いてあるんだろう？」という人の注意を引く絵は、もうそれ
だけで芸術としてのランクが上なのだそうだ。　4　、なるほどだ。ここが私たち小
説家とは違うところだ。絵は、その全体がいっぺんに目に入るから、文章とは違う
　5　。

1　1　意味もある　　　2　意味にもなる　　　3　言い方もある　　　4　言い方にもなる

2　1　a ヘタウマ　　　　　b ヘタヘタ　　　　　c ウマヘタ
　　　2　a ヘタウマ　　　　　b ウマヘタ　　　　　c ヘタヘタ
　　　3　a ヘタヘタ　　　　　b ヘタウマ　　　　　c ウマヘタ
　　　4　a ウマヘタ　　　　　b ヘタウマ　　　　　c ヘタウマ

3　1　人の目を引いたりしては　　　　　2　人の目を引かなければ
　　　3　うまく描かなければ　　　　　　　4　うまく描けば

4　1　聞けば聞くほど　　　　　　　　　2　聞いたとすれば
　　　3　言われたとすれば　　　　　　　　4　言われてみれば

5　1　ことになるところだ　　　　　　　2　ことになるわけだ
　　　3　ことになるはずだ　　　　　　　　4　ことにするものだ

問題7 次の文章を読んで、文章全体の趣旨を踏まえて、　1　から　5　の中に入る最もよいもの
を、1・2・3・4から一つ選びなさい。

　外国へ行けば、環境があるから簡単に外国語が習得できる、と信じている人が多い
ようだ。周りの人と外国語で会話するチャンスができて、自動的に話せるようになる
と思い込んでいる。ところが、実際そんなに簡単にいくだろうか？答えは否である。
　あなたがひとりで外国で生活したとしても、頻繁に会話をする知り合いなどいない。
　1　、外国へ行ってあなたが現地人と会話するチャンスは、自国にいて知らない人
と話をするくらいの頻度でしか存在しないのである。自然に友達ができる、と思う人
もいるかもしれない。しかし、　2　、もしあなたなら、言葉の通じない人と根気よ
く会話を続けるほどの暇があるだろうか？言葉の不自由な外国人に、無料で会話の練
習相手になってくれるような奇特な人はまず存在しない。
　さらに、近代生活にほぼ言葉は必要ない。切符を買って電車に乗るのも、バスに乗
るのも、別に　3-a　は必要ない。金の払い方と行き先さえ知っていれば充分である。
看板や案内を見ればそれくらいはわかるから言葉を使う必要はないのである。少しで
も会話の可能性があるのは店員くらいか。しかし、彼らもあなたの　3-b　の相手をす
るのが　3-c　ではない。会話練習のために利用しようとすれば、邪魔だから帰ってく
ださい、と言われてしまう。
　4　、お金を払って学校に行くしか方法はない。授業料を払えば、根気よく会話の
相手になってくれる人がいる。留学にせよ、自国学習にせよ、まず基本的な会話がで
きなければ友達など　5　。
　基本的な会話が出来るまでは、学校で習い、ひとりで練習するしか道はないのであ
る。そこを突破して初めて、会話を楽しむという次の段階にいけるのである。

1　1　つまり　　　　　　2　にもかかわらず　　3　おまけに　　　　　4　なぜならば

2　1　友達ができればできるほど　　　　　2　友達ができてもできなくても
　　3　考えることは考えても　　　　　　　4　考えてみてほしい

3　1　a. 言葉　b. 言葉　c. 会話　　　2　a. 会話　b. 仕事　c. 言葉
　　3　a. 言葉　b. 会話　c. 言葉　　　4　a. 会話　b. 会話　c. 仕事

4　1　それに比べると　　　　　　　　2　そうは言っても
　　3　そう考えると　　　　　　　　　4　それはそうとしても

5　1　できないわけがない　　　　　　2　できるはずがない
　　3　留学に来るわけがない　　　　　4　留学に行くはずがない

정답　　1①　　2④　　3④　　4③　　5②

問題7　次の文章を読んで、文章全体の趣旨を踏まえて、[1]から[5]の中に入る最もよいものを、1・2・3・4から一つ選びなさい。

　　日本の店員の接客態度はよいとよく言われる。これは世界的に見てもトップクラスであるそうだ。しかし、日本の接客態度は昔からそんなに[1]。そうではない。以前は、そんなものはなかった。特に、敗戦後の貧しかった時代には、物が少なく欲しい人が多かったから、店の立場のほうが強かった。接客態度など最悪でも自分に売ってもらっただけで客は感謝してくれたのだ。なので、客に頭をさげる店員はおらず、むしろ客がお店に頭を下げていた。

　　こうして苦しい年月が過ぎた後、だんだんと物資が増えていく。[2]、今度は物が溢れるほど多いが、それを欲しがる人が少ないという情況になっていく。各製造会社は競争し、客に買ってもらおうと工夫する。

　　こうなると以前の店と客の立場が逆転し[3]店の立場となる。店はただ黙って商品を置いているだけでは客がものを買ってくれない。だから、接客態度が必然的によくなるという仕組みである。接客態度がよいからといって、別に日本人が特別に親切ということはないのだ。今もし再び物資が不足し出したら、日本中の接客態度は[4]悪化するだろう。

　　日本人の接客態度がいいのは結局は、利益を狙っての表面的な行いに過ぎない。[5]、利害関係がない状態で、本当に親切な人がまったくいないとはいわない。ただ、そういう人は非常に稀だということである。

　　商売とは、自己利益のみでなく他人の利益にも尽くすことである、というのが私の信条である。それを考えたら立場の強弱など関係なく、接する人にはみな平等に親切にするべきである。それが商売の基本であり王道であると私は信じている 。

[1]　1　よくはなかった　　　　　　2　いいはずがない
　　　3　よかったのだ　　　　　　　4　よかったのだろうか

[2]　1　それとは逆に　　2　それでも　　　3　その上　　　　4　その結果

[3]　1　客のほうが　　　2　客よりも　　　3　客も店も　　　4　客が来れば

[4]　1　やはり　　　　　2　もっと　　　　3　多少　　　　　4　とたんに

[5]　1　だから　　　　　2　だとすると　　3　だからといって　4　たとえば

問題7 次の文章を読んで、文章全体の趣旨を踏まえて、 $\boxed{1}$ から $\boxed{5}$ の中に入る最もよいものを、1・2・3・4から一つ選びなさい。

　ある映画が思いがけずにヒットする。元々低予算で、無名監督に無名俳優をキャスティングして作ったこの映画は、制作会社に意外な利益をもたらす。 $\boxed{1}$ 、この映画がまだ人々の熱い話題になっているうちに、映画会社は続編を望む。まったく新しい映画を一本撮るより、続編を撮ったほうが話題にもなり、宣伝効果も高い。そこで、やや多額の金を投資して、より制作費をかける。商業行為として、それに $\boxed{2}$ 。

　しかし、どう見ても見事に完成したはずなのに、さらに続編を作りつづけるのは $\boxed{3}$ 。すでに完成されたものをさらにいじるということは、作品を壊す方向にしか働かない。一作目が $\boxed{4\text{-a}}$ 、二作目が $\boxed{4\text{-b}}$ となると、もうその映画をそれ以上に発展させる余地はない。それなのに無理して続編を作ると、元々なかった設定を後で考えて増やしたり、完成した人物に余計な後日談(注)を追加することなどにより、完成した二作目までをもぶち壊すことになる。

　それは、ファンに対する裏切り行為でもあるのだ。そうした制作会社の便乗行為を $\boxed{5}$ 、やはり我々映画ファンの厳しい目が必要だ。安易に制作された不要な続編には、酷評をもって反省を促すべきである。それが、より良質の映画を提供させる原動力となるのだ。

（注）後日談：ある事件や物語などが一段落ついた、その後の話

$\boxed{1}$ 　1 たとえば　　　2 そこで　　　　3 言い換えれば　　　4 というのは

$\boxed{2}$ 　1 希望はない　　　　　　　　　2 異論はない
　　　3 投資する必要はない　　　　　4 続編を作る必要はない

$\boxed{3}$ 　1 簡単だ　　　　　　　　　　　2 どうしてかと思う
　　　3 不可能だ　　　　　　　　　　4 どうかと思う

$\boxed{4}$ 　1 a. ヒット　　　b. 続編　　　　2 a. 無名　　　　b. 有名
　　　3 a. 80点　　　b. 90点　　　　4 a. 90点　　　　b. 100点

$\boxed{5}$ 　1 やめさせるには　　　　　　　2 やめさせるより
　　　3 やめさせなければ　　　　　　4 やめさせたとしても

정답 　　1② 　　2② 　　3④ 　　4④ 　　5①

問題7 次の文章を読んで、文章全体の趣旨を踏まえて、[1]から[5]の中に入る最もよいものを、1・2・3・4から一つ選びなさい。

　食べ物を平気で残す人間を、私は信用しない。なぜなら、それは生命であるからだ。他の生命の犠牲の上に、私たちの毎日が築かれていることを[1-a]、食べ物を粗末にできる[1-b]。

　食べ物を平気で残し捨てている人たちは、それがかつて貴重な生命であったことを忘れているのだろう。もし、自分で豚でも飼ってみれば、愛情が移ってしまい、食べるなどとんでもないと思うだろう。あなたが平気で残した食べ物も、そうした可愛い命であったものなのだ。

　自分で飼って、ペットが食べられないのはなぜだろう？ それは、自分にとって特別の存在だからだ。身の回りにある特別なもの、特別な人には愛着があるから壊れたり亡くなったりすると悲しむ。

　自分と関係ない人が事故などで亡くなっても、身内や友人ほど悲しくは感じない。[2]、亡くなった人たちも誰かにとっては特別な存在なのだ。相対的に見れば、特別でないものなど何一つ存在しない。[3]がたった一つの貴重な命なのだ。私たちはそれを奪い食料とするのである。それを考えれば、食べ物を無駄にすることがどれだけ罪深いかわかるであろう。命を犠牲に[4]、無駄にはしないのが食べる者の義務である。

　学校の成績が悪いのは個人の問題だが、食べ物を粗末にするのは個人だけの問題ではない。人間性の問題でもある。親は、子供に勉強しろ勉強しろと言う前に、もっと大切なことをしっかり教えなくてはならない。[5]を大切にすること、それこそが人生の基本なのだから。

---

[1]　1　a 考えても　　b ことがない　　2　a 考えれば　　b はずがない
　　　　3　a 知っても　　b ものではない　4　a 知れば　　　b わけではない

[2]　1　なぜなら　　2　それに　　3　けれども　　4　だから

[3]　1　これ　　2　それ　　3　どれか　　4　どれも

[4]　1　した以上　　　　　　　　2　したからといって
　　　　3　する前に　　　　　　　　4　するばかりでなく

[5]　1　親　　2　人間性　　3　食べ物　　4　命

정답　　　1②　　　2③　　　3④　　　4①　　　5④

확인문제 ①

'ヘタウマ'나 'ウマヘタ' 등의 말을 자주 사용하게 되었다. 이 두 가지의 의미는 'ヘタウマ'란 '못하는 것 같아 보이지만 사실은 잘한다'는 것이며, 'ウマヘタ'란 '잘하는 듯 보이지만 사실은 못한다'라는 의미이다. 이 외에도 'ウマウマ(잘할 것 같이 보이는데 정말로 잘한다)', 'ヘタヘタ(못할 것 같이 보이는데 정말로 못 한다)'라는 표현도 있다.

일반적인 상식으로는 '1. ウマウマ 2. ヘタウマ 3. ウマヘタ 4. ヘタヘタ'의 순이다. 특히 프로 스포츠 등에서는 ウマヘタ는 결국 아마추어, ヘタヘタ는 완전히 초보이기 때문에, ウマウマ나 ヘタウマ밖에 없다. 프로 레벨이 되면, 문외한의 눈에는 볼품없고 서툴러 보여도 '프로의 기술'을 가지고 있지 않으면 통용되지 않으므로 실제로는 모두 능숙한 것이다.

그러나 그림의 세계에서는 '1. ヘタウマ 2. ヘタヘタ 3. ウマウマ 4. ウマヘタ'의 순이 된다고 한다. 예술의 세계에서는 ヘタウマ가 최고이고, ウマヘタ가 최악이라는 것은 어쩐지 알 것 같지만, ヘタヘタ가 ウマウマ보다도 위에 랭크 되어 있는 것은 문외한에게는 이해가 잘 되지 않는다. 물어보니 아무리 잘 그린 그림이라도 사람의 눈을 끌지 못하면 그림으로서는 매력이 없다. 하지만 '이건 뭐지, 무엇이 그려져 있는 걸까?' 하며 사람의 주의를 끄는 그림은 이미 그것만으로 예술로서의 랭크가 위라고 한다. 듣고 보니 과연 그렇다. 이것이 우리들 소설가와는 다른 점이다. 그림은 그 전체가 한 눈에 들어오기 때문에 글과는 다른 것이 되는 것이다.

확인문제 ②

외국에 가면, 환경이 있으니 간단하게 외국어를 습득할 수 있다고 믿고 있는 사람이 많은 것 같다. 주변 사람과 외국어로 대화할 기회가 생겨서, 자동적으로 말을 할 수 있게 된다고 믿고 있다. 하지만, 실제로는 그렇게 간단하게 될까? 정답은 아니다 이다.

당신이 혼자서 외국에서 생활하더라도 빈번하게 대화할 지인 따위 없다. 즉, 외국에 가서 당신이 현지인과 대화할 기회는 자기 나라에서 모르는 사람과 이야기할 정도의 빈도로밖에 존재하지 않는 것이다. 자연스럽게 친구

가 생긴다고 생각하는 사람도 있을지도 모른다. 하지만, 생각해 보라, 만약 당신이라면 말이 통하지 않는 사람과 끈기 있게 대화를 계속할 정도로 한가로운가? 언어가 부자유스러운 외국인에게 무료로 회화 연습 상대가 되어 주는 기특한 사람은 거의 존재하지 않는다.

더욱이 근대 생활에서 말은 거의 필요 없다. 표를 사서 전철을 타는 것도, 버스를 타는 것도, 특별히 대화는 필요없다. 돈을 지불하는 법과 행선지만 알면 충분하다. 간판이나 안내를 보면 그 정도는 알 수 있기 때문에 말을 쓸 필요는 없는 것이다. 조금이라도 대화할 가능성이 있는 것은 점원 정도일까? 하지만, 그들도 당신의 회화 상대를 하는 것이 업무는 아니다. 회화 연습을 위해서 이용하려고 한다면, 방해되니 돌아가 주세요라고 할 것이다.

그렇게 생각하니 돈을 내고 학교에 가는 수밖에 방법은 없다. 수업료를 지불하면 끈기있게 회화 상대가 되어주는 사람이 있다. 유학이든 자국 학습이든 우선 기본적인 회화가 되지 않으면 친구 따위 생길 리가 없다.

기본적인 회화가 가능해질 때까지는 학교에서 배우고, 혼자서 연습하는 수밖에 길은 없는 것이다. 그것을 돌파해야 비로소 회화를 즐긴다고 하는 다음의 단계로 갈 수 있는 것이다.

확인문제 ③

일본 점원의 접객 태도는 좋다고 자주 말하여진다. 이것은 세계적으로 봐도 정상급이라고 한다. 하지만, 일본의 접객 태도는 예전부터 그렇게 좋았던 것일까? 그렇지는 않다. 이전에는 그렇지 않았다. 특히 패전 후의 가난했던 시절에는 물자가 적고 원하는 사람이 많았기 때문에, 가게의 입장이 강했다. 접객 태도 따위 최악이어도 자신에게 물건을 팔아준 것만으로도 손님은 감사했던 것이다. 그래서 고객에게 머리를 숙이는 점원은 없고, 오히려 고객이 가게에 머리를 숙였었다.

이렇게 힘든 세월이 지나간 후, 점점 물자가 늘어났다. 그 결과, 이번에는 물건이 넘칠 정도로 많지만, 그것을 원하는 사람이 적은 상황으로 되어 간다. 각 제조회사는 경쟁하여, 고객이 구매하도록 연구한다.

이렇게 되면 이전의 가게와 손님의 입장이 역전되어 손님 쪽이 가게의 입장이 된다. 가게는 그저 입 다물고 상

품을 두고 있는 것만으로는 손님이 물건을 사주지 않는다. 그래서 접객 태도가 필연적으로 좋아진다는 구조이다. 접객 태도가 좋다고 해서 특별히 일본인이 친절하다는 것은 아니다. 지금 혹시 다시 물자가 부족해지기 시작한다면, 일본 내의 접객 태도는 바로 악화될 것이다.

일본인의 접객 태도가 좋은 것은 결국, 이익을 노린 표면적인 행위에 지나지 않는다. 그렇다고 해서, 이해관계가 없는 상태에서 정말로 친절한 사람이 전혀 없다는 것은 아니다. 단지, 그러한 사람은 매우 드물다는 것이다.

장사란, 자기 이익뿐 아니라 타인의 이익에도 힘쓰는 것이라는 것이 나의 신조이다. 그것을 생각하면 입장의 강약에 관계없이 접하는 사람에게는 모두 평등하게 친절하게 해야 한다. 그것이 장사의 기본이며, 왕도라고 나는 믿고 있다.

어떤 영화가 뜻밖에 흥행한다. 원래 저 예산으로 무명 감독에 무명 배우를 캐스팅하여 만든 이 영화는 제작회사에 뜻밖의 이익을 가져다준다. 그래서 이 영화가 여전히 사람들의 뜨거운 화제가 되고 있는 사이에 영화사는 속편을 기대한다. 완전히 새로운 영화를 한 편 찍는 것보다 속편을 찍는 편이 화제도 되고, 선전효과도 높다. 그래서 다소 고액의 돈을 투자하여 보다더 제작비를 들인다. 상업행위로서 그것에 이의는 없다.

하지만 아무리 봐도 멋지게 완성되었을 터인데, 다시 속편을 만드는 것은 좀 그렇다. 이미 완성된 것을 다시 손댄다는 것은 작품을 망치는 방향으로밖에 작용하지 않는다. 첫 번째 작품이 90점, 두 번째 작품이 100점이 되면, 이미 그 영화를 그 이상 발전시킬 여지는 없다. 그런데도 무리해서 속편을 만들면, 원래 없던 설정을 나중에 생각해서 늘리거나, 완성된 인물에 쓸데없는 후일담을 추가하는 등으로 인해, 완성된 두 번째 작품까지도 망치게 된다.

이것은 팬에 대한 배신행위이기도 한 것이다. 그러한 제작사의 편승 행위를 못 하게 하려면 역시 우리 영화 팬들의 엄격한 눈이 필요하다. 안이하게 제작된 불필요한 속편에는 혹평으로 반성을 촉구해야 한다. 그것이 보다 양질의 영화를 제공하게 하는 원동력이 될 것이다.

음식을 아무렇지 않게 남기는 인간을 나는 신용하지 않는다. 왜냐하면 그것은 생명이기 때문이다. 다른 생명의 희생으로 우리들의 하루하루가 이루어지고 있다는 것을 생각하면 , 음식을 소홀히 할 수 있을 리가 없다.

음식을 아무렇지 않게 남겨서 버리는 사람들은 그것이 일찍이 귀중한 생명이었다는 것을 잊고 있는 것이다. 만약에, 자신이 돼지라도 키워보면 애정이 생겨 먹는 것 등은 당치도 않다고 생각할 것이다. 당신이 아무렇지 않게 남긴 음식도 그렇게 사랑스러운 생명이었던 것이다.

자신이 기른 애완동물을 먹을 수 없는 건 어째서일까? 그것은 자신에게 있어서 특별한 존재이기 때문이다. 주변에 있는 특별한 것, 특별한 사람에게는 애착이 있기 때문에 망가지거나 죽거나 하면 슬퍼한다.

자기와 관계없는 사람이 사고 등으로 죽어도, 친척이나 친구만큼 슬프다고는 느끼지 않는다.

하지만, 죽은 사람들도 누군가에게 있어서는 특별한 존재이다. 상대적으로 보면 특별하지 않은 것은 하나도 존재하지 않는다. 모두가 오직 하나뿐인 귀중한 생명인 것이다. 우리들은 그것을 빼앗아 식재료로 삼는 것이다. 그것을 생각하면 음식을 헛되이 하는 것이 얼마나 죄가 무거운지 알게 될 것이다. 생명을 희생시킨 이상, 헛되이 하지 않는 것이 먹는 자의 의무이다.

학교 성적이 나쁜 것은 개인의 문제이지만, 음식을 소홀히 하는 것은 개인만의 문제가 아니다. 인간성의 문제이기도 하다. 부모는 자녀에게 공부해라 공부해라 하기 전에 더욱 중요한 것을 확실히 가르쳐야 한다. 생명을 소중히 하는 것, 그것이야말로 인생의 기본이기 때문이다.

問題5 次の文の（　　　　　　　　）に入れるのに最もよいものを、1・2・3・4から一つ選びなさい。

26　意見が分かれたので多数決（　　　　　　　）決めることにした。
　　1　に　　　　　　2　で　　　　　　3　から　　　　　　4　と

27　彼の話では、いったいどこでタクシーを降りた（　　　　　　　）記憶さえないという。
　　1　とはいえ　　　2　ところで　　　3　かの　　　　　　4　のが

28　車内アナウンス「現金でバス料金をお支払いになる際は、小銭を（　　　　　　）。」
　　1　ご用意願います　　　　　　　　2　ご用意いただけます
　　3　ご必要になられます　　　　　　4　ご必要に存じます

29　A「こっちは山田さんのためだと思って注意してあげたのにね。」
　　B「あの人って、ほんと何も（　　　　　　）ね。」
　　1　わかんないって　　　　　　　　2　わかってない
　　3　わかったんだって　　　　　　　4　わかりようない

30　一応相手の気持ちを考えて出された謝礼を（　　　　　）、やっぱり返すことにした。
　　1　受け取りでもしたからは　　　　2　受け取りはした以上
　　3　受け取りでもしたのだが　　　　4　受け取りはしたものの

31　A「部長、新人の田中くんなんですけど、私からアドバイスしてもいいでしょうか。」
　　B「もう、どんどん（　　　　　　）よ。」
　　1　言ってやって　　　　　　　　　2　言ってもらって
　　3　言われてもらおう　　　　　　　4　言わせてあげよう

32　A「山田さん、もっと言葉のつかい方に気をつけないとねえ。」
　　B「そう、そこなんですよ、（　　　　　　）。」
　　1　大事なんだけど　　　　　　　　2　大事なんだから
　　3　大事なものを　　　　　　　　　4　大事なのは

33 A「なんか山田さんって、感じ悪いよね。」
B「そうそう、人の言うこと、(   ) でしょう。」
1 聞こうともしない　　　　　　2 聞くも聞かないもない
3 聞くどころじゃない　　　　　4 聞きっぱなし

34 乗ろうとした電車が事故に遭ったと聞いて、もしあの電車に (   )、恐く
なった。
1 乗っていたらと思うと　　　　2 乗ったと思っていると
3 乗ろうと乗るまいと　　　　　4 乗ったら乗ったで

35 他人のことをどうこう言うつもりはさらさらないのだけれど、自分自身にうそを
ついてまで、命令に従うようなことをしたら (   ) なるだろう。
1 自分に自分が許されなく　　　2 自分が自分を許せなく
3 自分から許さざるをえなく　　4 自分では許さないでもなく

문법 실전문제

問題6 次の文の ___★___ に入る最もよいものを、1・2・3・4から一つ選びなさい。

問題例 あそこで ____ ____ __★__ ____ は田中さんです。

　　1　本　　　　2　読んでいる　　　　3　を　　　　4　人

解答の仕方　1. 正しい文はこうです。

あそこで ____ ____ ____★____ ____ は田中さんです。
　　　　　　　1 本　　3 を　　　2 読んでいる　4 人

2. __★__ に入る番号を解答用紙にマークします。

解答用紙	（例）① ● ③ ④

---

36 提出期限まで後一日あるから、見落とし ____ ____ __★__ ____ にした。

　　1　再確認　　　　　　2　する　　　　　　3　こと　　　　　　4　のないように

37 ブラック企業と呼ばれるような怪しい会社には、いかに ____ ____ __★__ ____
とも、関わらないほうがいいだろう。

　　1　場合であろう　　　　　　　　　　2　提示された条件が
　　3　他に比べて良い　　　　　　　　　4　と思える

38 事件に巻き込まれ、相当なショックを受けたにもかかわらず、彼女は本当の
____ ____ __★__ ____ いつもどおり仕事をこなしていった。

　　1　さえ　　　　　　2　胸の内を　　　　3　出さずに　　　　4　顔に

39 公衆の面前で ____ ____ __★__ ____ 目を疑った。

　　1　だれもが　　　　　　　　　　2　とった態度には
　　3　彼女に対して　　　　　　　　4　彼が

40 A「Cさん、旅行、行かないのかな？　返事あった？」

　　B「それがまだなのよ。____ ____ __★__ ____ ねえ。」

　　1　ほしいんだけど　　2　行かないで　　3　早く連絡して　　4　行かないなら

問題7 次の文章を読んで、文章全体の趣旨を踏まえて、41 から 45 の中に入る最もよいもの
を、1・2・3・4から一つ選びなさい。

中国の黄土高原というところは、大層な田舎で、何か事前に目的を決めて計画を立
てて実行しようとすると、恐ろしいくらい、次から次へと困難がふりかかり、ひど
い目にあいます。たとえば誰かに会いたいと思って、車でどこかへ移動しようとし
ても、車が見つからない。車が見つかっても車がなかなか来ない。車が来ても、今
度は車が壊れる。車が壊れなくても、運転手のやる気がなくて止まる。運転手のや
る気があっても大渋滞で進まない、等々。こういうことが連続で 41 。私が参加
した深尾葉子氏の率いる調査グループは、過去にこのような経験を数限りなくして
いました。

それでとうとう諦めて、目的も計画もなく、ただブラブラしていると、人が面白
がって寄ってきます。そこでおしゃべりしていると、その人が偶然、私たちが会い
たい人の知り合いだったりします。それで「その人に会いたいのだ」と言うと、じ
ゃあ今すぐ行こうということになります。だけど車がない、と思っていると、その
人の知り合いがたまたま車で通りかかる。その人が止める。運転手と話す。すると
たまたま、その方向に行く 42 。じゃあ乗せてくれ、と言って乗ると、道も混ま
ずに辿りつく。着いたら会うべき人は、客と会うために家にいたのだけれど、その
客が急に来られなくなったので、暇を持て余していた。「ちょうど良いところにき
た」ということで、43 人とたっぷり話すことができる、等々。

そういう経験をしているうちに、「流れに 44 」ということを嫌でも覚え、深
尾氏はこういうやり方を「波乗り方式」と呼んでいました。流れに乗って波乗りを
していると、思いもかけない、面白いことに次々出遇うからです。この調査に参加
して同じ経験をした私は、「目的」や「計画」や「責任」といったものは、45 を
邪魔するものだ、と考えるようになりました。

(安冨歩「今を生きる親鸞」樹心社)

41 1 襲われてしまいます   2 襲わせてしまいます
      3 襲い出してきます   4 襲いかかってきます

42 1 べきだった   2 ところだった   3 のみだった   4 かもしれなかった

43 1 忙しいはずの   2 忙しいつもりの
      3 忙しいわけのない   4 忙しくあるまい

44 1 逆らわないものでもない   2 逆らってもさしつかえない
      3 逆らってはいけない   4 逆らうに越したことはない

45 1 交流   2 波乗り   3 偶然   4 面白み

問題 5 다음 문장의 (   )에 들어갈 가장 적당한 것을 1·2·3·4에서 하나 고르시오.

26 意見が分かれたので多数決 (   ) 決めることにした。

1 に   2 で   3 から   4 と

정답 **2** 의견이 갈라졌기 때문에 다수결로 정하기로 했다.

어휘 意見 의견 | 分かれる 갈라지다 | 多数決 다수결 | 決める 정하다

해설 이 문제는 올바른 조사를 고르는 문제로 선택지 2번의 「で」는 수단, 방법, 재료, 도구, 이유, 기한 등을 나타내는 경우에는 '~으로'의 뜻이며, 장소를 나타내는 경우에는 '~에서'의 뜻을 나타내는 조사이다. 여기에서는 방법의 의미로 사용되었다.

27 彼の話では、いったいどこでタクシーを降りた(   ) 記憶さえないという。

1 とはいえ   2 ところで   3 かの   4 のが

정답 **3** 그의 이야기로는 도대체 어디에서 택시를 내렸는지에 대한 기억조차 없다고 한다.

어휘 いったい 도대체 | タクシー 택시 | 降りる 내리다 | 記憶 기억 | ~さえ ~조차

해설 이 문제 또한 조사의 올바른 쓰임새를 묻는 문제로 정답인 선택지 3번의 「かの」는 불확실한 뜻을 나타내는 조사 「か」에 명사를 수식하는 용법으로 사용된 조사 「の」가 붙어 이루어진 표현으로 우리말로 '~인가에 대한' 의 의미를 나타낸다.

28 車内アナウンス「現金でバス料金をお支払いになる際は、小銭を (   )。」

1 ご用意願います   2 ご用意いただけます

3 ご必要になられます   4 ご必要に存じます

정답 **1** 차내방송 '현금으로 버스 요금을 지불하실 때에는 잔돈을 준비하시길 바랍니다.'

어휘 車内アナウンス 차내방송 | 現金 현금 | 料金 요금 | 支払い 지불 | ~際 ~때 | 小銭 잔돈 | 用意 준비 | 願う 바라다, 기원하다 | 存じる 생각하다(思う의 겸양표현)

해설 이 문제는 경어 용법을 묻는 문제이다. 경어표현에는 존경표현, 겸양표현, 정중표현이 있는데 정답은 겸양표현으로 정중하게 부탁하고 있는 선택지 1번이 정답이 되겠다. 즉, 「お(ご)＋명사＋願う」의 형태로 우리말 '~해 주시길 바랍니다(부탁 드립니다)'의 의미를 나타내는 겸양표현이다. 참고로 동사의 경우에는 「お＋ます형＋願う」의 형태로 이야기 할 수 있다.

예) お電話願います。전화 부탁 드리겠습니다.
　　お調べ願います。조사를 부탁 드리겠습니다.

29 A「こっちは山田さんのためだと思って注意してあげたのにね。」

B「あの人って、ほんと何も (   ) ね。」

1 わかんないって   2 わかってない

3 わかったんだって   4 わかりようない

정답 **2** A 이쪽은 야마다 씨를 위해서 라고 생각해서 주의를 줬는데.
　　B 그 사람은 정말로 아무것도 모르네.

어휘 ため 이익, 위함 | 注意 주의 | ～てあげる ~해 주다 | ほんと 정말, 진짜

해설 이 문제는 수수표현의 쓰임새를 묻는 문제로「～てあげる」는 1인칭이 2인칭과 3인칭에게 '~해 주다'의 의미를 나타내는 표현이다. 즉, A는 상대방을 생각해서 내가 주의를 주었는데 상대는 그 호의를 전혀 모르고 있다고 하고, B는 상대방의 이야기에 맞장구 치고 있는 내용이다. 따라서 선택지 2번이 정답이다.

---

30 一応相手の気持ちを考えて出された謝礼を（　　　　）、やっぱり返すことにした。

1　受け取りでもしたからは　　　　　　2　受け取りはした以上

3　受け取りでもしたのだが　　　　　　4　受け取りはしたものの

정답 **4** 일단 상대의 마음을 생각하여 나온 사례금을 받기는 했지만 역시 되돌려 주기로 했다.

어휘 一応 일단 | 相手 상대 | 謝礼 사례(금) | 返す (제자리로)갖다 놓다, (돈 등을) 갚다 | 受け取る 받아서 넣어두다, 납득하다

해설 이 문제는 조사의 용도를 묻는 문제로 선택지 4번의「ものの」는 앞 문장 끝에 와서 앞 뒤 문장의 관계를 모순, 대립 관계로 만드는 접속 조사로서, 우리말로 '~기는 하나, ~이지만'의 의미를 나타낸다.

---

31 A「部長、新人の田中くんなんですけど、私からアドバイスしてもいいでしょうか。」

B「もう、どんどん（　　　　）よ。」

1　言ってやって　　　　　　　　　　2　言ってもらって

3　言われてもらおう　　　　　　　　4　言わせてあげよう

정답 **1** A 부장님 신입인 다나카 군에 관한 일인데요, 제가 충고 해도 될까요?

　　B 아, 자꾸자꾸 이야기해 줘요.

어휘 部長 부장 | 新人 신인, 신입 | アドバイス 충고 | 言ってやる 말해주다

해설 선택지 1번의「～てやる」와 4번의「～てあげる」는 남을 위해서 '~해 주다'라는 표현이다. 즉, 정답인 선택지 1번의「言ってやって」는 허락을 구하는 A의 말을 부장이 받아들여 '말해 줘라'는 의미로 사용되었다.

---

32 A「山田さん、もっと言葉のつかい方に気をつけないとねえ。」

B「そう、そこなんですよ、（　　　　）。」

1　大事なんだけど　　　　　　　　　　2　大事なんだから

3　大事なものを　　　　　　　　　　　4　大事なのは

정답 **4** A 야마다 씨, 좀 더 말투에 주의하지 않으면 안되겠는데요.

　　B 그래요, 바로 그 점 이예요, 중요한 건

어휘 もっと 좀 더 | 言葉 말, 단어, 언어 | 気をつける 조심하다, 주의하다 | 大事 중요함, 소중함

해설 상대방의 대화 내용에 공감을 하면서 화제로 제시하는 대화문으로 여기에서「そこなんですよ」는 우리말로 '그 점입니다'라는 뜻이며, 중요한 것은 바로 그 점이라고 말한 선택지 4번이 정답인 것을 알 수 있다.

---

33 A「なんか山田さんて、感じ悪いよね。」

B「そうそう、人の言うこと、(　　　)でしょう。」

1　聞こうともしない　　　　　　　2　聞くも聞かないもない

3　聞くどころじゃない　　　　　　4　聞きっぱなし

정답　**1**　A 왠지 야마다 씨라는 사람, 인상이 안 좋아요.
B 맞아요, 남이 하는 말, 들으려고 하지 않죠?

어휘　なんか 왠지 | 感じ悪い 느낌이 나쁘다 | そうそう 그래 그래

해설　이 문제 또한 상대방의 이야기에 공감하는 대화 내용으로 선택지 1번의「聞こうともしない(들으려고도 하지 않는다)」가 정답이다. 참고로「聞こうとも」에서 조사「も」는 뒤의 부정문을 강조하는 의미이다.

---

34 乗ろうとした電車が事故に遭ったと聞いて、もしあの電車に(　　　)、恐くなった。

1　乗っていたらと思うと　　　　　2　乗ったと思っていると

3　乗ろうと乗るまいと　　　　　　4　乗ったら乗ったで

정답　**1**　타려고 했던 전차가 사고를 당했다고 듣고 만약 그 전차를 탔더라면 하고 생각하니 무서워졌다.

어휘　乗る 타다 | 電車 전차 | 事故に遭う 사고를 당하다 | もし 만약 | 恐い 무섭다, 겁나다

해설　이 문제는 동사의 가정형의 용법을 묻는 문제로 정답인 선택지 1번의「乗っていたらと思うと」에서「〜たら」는 여기에서 어떠한 일이 발생했을 경우를 가정하는 표현이며, '타고 있었다고 생각하면'의 의미를 나타낸다.

---

35 他人のことをどうこう言うつもりはさらさらないのだけれど、自分自身にうそをついてまで、命令に従うようなことをしたら(　　　)なるだろう。

1　自分に自分が許されなく　　　　2　自分が自分を許せなく

3　自分から許さざるをえなく　　　4　自分では許さないでもなく

정답　**2**　타인에 관한 일을 이러니저러니 말할 생각은 조금도 없지만 자기 자신에게 거짓말을 하면서까지 명령에 따르는 것을 한다면 내가 내자신을 용서할 수 없을 것이다.

어휘　他人 타인 | どうこう言う 이러니저러니 말하다 | さらさら 조금도 | 自分自身 자기자신 | うそをつく 거짓말을 하다 | 命令 명령 | 従う 따르다 | 許す 용서하다

해설　「〜てまで」의 표현은 우리말 '〜(하면서)까지'의 의미로 강조 표현이다. 또한 선택지 2번의「自分が自分を許せなく」에서「許せない」는「許す」의 가능 동사의 부정형으로 '용서할 수 없다'라는 뜻이다.

問題6 次の文章の　★　に入る最もよいものを1・2・3・4から一つ選びなさい。

36 提出期限まで後一日あるから、見落とし ＿＿＿＿ ＿＿＿＿ ★ ＿＿＿＿ にした。

1　再確認　　　　　2　する　　　　　3　こと　　　　　4　のないように

정답　**2**　제출 기한까지 앞으로 하루 있으니까 간과하는(빠뜨리고 보는) 일이 없도록 재확인 하기로 했다.
提出期限まで後一日あるから、見落としのないように再確認することにした。

어휘 　提出 제출｜期限 기한｜後一日 앞으로 하루｜見落とし 간과(빠뜨리고 봄)｜再確認 재확인

해설 　「동사의 원형 + ことにする」는 화자의 결심을 나타내며, 우리말로 '~하기로 하다'의 의미이다.

37　ブラック企業と呼ばれるような怪しい会社には、いかに ＿＿＿＿＿ ＿＿＿＿＿ ＿★＿ ＿＿＿＿＿ とも、関わらないほうがいいだろう。

　　1　場合であろう　　　2　提示された条件が　　　3　他に比べて良い　　　4　と思える

정답 **4**　블랙 기업이라고 불리는 수상쩍은 기업에는 아무리 제시된 조건이 다른 곳에 비교하여 좋다고 생각되어도 관계되지 않는 편이 좋을 것이다.

　　いかに提示された条件が他に比べて良いと思える場合であろうとも、関わらないほうがいいだろう。

어휘 　いかに 아무리｜提示 제시｜条件 조건｜比べる 비교하다｜思える 생각되다｜関わる 관계되다

해설 　「いかに～とも」는 문어적 용법으로 구어적 용법의 「どんなに～ても」와 같은 표현이다. 즉 우리말 '아무리 ~하여도'의 의미를 나타낸다. 예를 들면 다음과 같다.

　　예) いかに寒かろうとも　＝　どんなに寒くても　아무리 춥더라도
　　　　いかに便利であろうとも　＝　どんなに便利でも　아무리 편리하더라도
　　　　いかに食べようとも　＝　どんなに食べても　아무리 먹어도

38　事件に巻き込まれ、相当なショックを受けたにもかかわらず、彼女は本当の
＿＿＿＿＿ ＿＿＿＿＿ ＿★＿ ＿＿＿＿＿ いつもどおり仕事をこなしていった

　　1　さえ　　　　　2　胸の内を　　　　　3　出さずに　　　　　4　顔に

정답 **1**　사건에 휘말려 상당한 쇼크를 받았음에도 불구하고 그녀는 속마음을 얼굴에 조차 드러내지 않고 평소대로 일을 처리해 갔다.

　　事件に巻き込まれ、相当なショックを受けたにもかかわらず、彼女は本当の胸の内を顔にさえ出さずにいつもどおり仕事をこなしていった。

어휘 　事件 사건｜巻き込まれる 휘말리다, 연루되다｜相当 상당함｜ショックを受ける 충격을 받다｜
～にもかかわらず ~임에도 불구하고｜胸の内 심중(마음속,심정)｜いつもどおり 평소대로｜
仕事をこなす 일을 처리하다

해설 　조사 「さえ」는 조사 「も」를 강조하는 표현으로 '~마저, ~조차, ~까지도'의 의미를 나타낸다.
　　예) そんなことは子供でさえ分かる。그런건 아이 조차도 안다
　　　　兄は親にさえ相談せずに、留学に行った。형은 부모에게까지도 의논하지 않고 유학을 갔다

39　公衆の面前で ＿＿＿＿＿ ＿＿＿＿＿ ＿★＿ ＿＿＿＿＿ 目を疑った。

　　1　だれもが　　　　　2　とった態度には　　　　　3　彼女に対して　　　　　4　彼が

정답 **2**　사람들 앞에서 그가 그녀를 향해 취한 태도에는 누구나가 눈을 의심했다.

　　公衆の面前で彼が彼女に対してとった態度にはだれもが目を疑った。

어휘 　公衆 공중｜面前 면전(남의 앞)｜態度 태도｜目を疑う 눈을 의심하다

해설 「～に対して」는 방향성과 양쪽을 대비하는 경우에 사용하는 표현이다. 즉 방향성을 나타내는 경우에는 '~을 향해서'의 의미와 대비를 나타내는 경우에는 '~에 반해서, ~과 달리'라고 해석된다. 예를 들면 다음과 같다.

예) [방향성] 質問に対して答える。 질문에 대해서(질문을 향해서) 대답하다

[대비] 日本語に対して中国語は発音が難しい。 일본어에 반해서 중국어는 발음이 어렵다

---

40 A 「Cさん、旅行、行かないのかな？返事あった？」

B 「それがまだなのよ。 ＿＿＿＿ ＿＿＿＿ ★ ＿＿＿＿ ねえ。」

1 ほしいんだけど 2 行かないで 3 早く連絡して 4 行かないなら

정답 **3** A C씨 여행 안 가는 건가? 답변 왔어?

B 그게… 아직 없어요. 가지 않으면 가지 않는 대로 빨리 연락 주었으면 하는데요.

それがまだなのよ。行かないなら行かないで早く連絡してほしいんだけどねえ。

어휘 旅行 여행 | 返事 답장 | ～てほしい ~해 주었으면 한다

해설 「～なら～で」는 '~이면 ~인 대로'의 의미를 나타낸다. 참고로 부정문에도 사용할 수 있는 표현이다. 예를 들면 다음과 같다.

예) あったらあったで、있으면 있는 대로

いやならいやで、싫으면 싫은 대로

時間がなかったらないで、시간이 없으면 없는 대로

問題7 다음 글을 읽고 글 전체의 취지를 근거로 하여 41 에서 45 안에 들어갈 가장 적당한 것을 1・2・3・4에서 하나 고르시오.

해석 중국의 황토 고원이라고 하는 곳은 대단히 시골이어서 무언가 사전에 목적을 정해 계획을 세워 실행하려고 하면 무서울 만큼 잇따라 곤란한 일이 닥쳐서 곤욕을 치릅니다. 예를 들면 누구를 만나고 싶어서 차로 어딘가로 이동하려고 해도 차가 눈에 띄지 않는다. 차가 눈에 띄어도 좀처럼 차가 오지 않는다. 차가 오더라도 이번에는 차가 망가진다. 차가 망가지지 않더라도 운전사가 의욕이 없어 멈춘다. 운전사가 의욕이 있어도 심한 정체로 앞으로 가지 않는 등. 이러한 일이 연속으로 덮쳐 오기 시작합니다. 내가 참가한 후카오 요코 씨가 이끄는 조사 그룹은 과거에 이와 같은 경험을 수없이 했습니다.

그래서 결국 포기하고 목적도 계획도 없이 그저 빈둥빈둥 거리고 있자 사람들이 흥미로워하면서 다가 왔습니다. 그래서 이야기를 하게 되면 그 사람이 우연하게도 우리들이 만나고 싶은 사람의 아는 사이 이거나 합니다. 그래서 '그 사람을 만나고 싶다'라고 말하면 그럼 지금 바로 가자고 하게 됩니다. 하지만 차가 없다고 생각하고 있자 그 사람의 아는 사람이 때마침 차로 지나간다. 그 사람이 멈추게 한다. 운전사와 이야기 한다. 그렇게 하면 때마침 그 방향으로 가는 참이었다. 그럼 태워 달라고 하고 타면, 길도 붐비지 않고 도착한다. 도착하면 만나야 할 사람은 손님과 만나기 위해서 집에 있었지만 그 손님이 갑자기 못 오게 되어서 한가한 시간을 주체 못 하고 있었다. '딱 좋은 때에 왔다'고 함으로써 틀림없이 바쁠 사람과 많이 이야기 할 수 있는 등.

그러한 경험을 하는 있는 사이에 '흐름을 거역해서는 안 된다'라고 하는 것을 싫어도 기억하게 되어 후카오요코 씨는 이러한 방법을 '파도타기 방식'이라고 불렀습니다. 흐름을 타면서 파도타기를 하고 있으면 생각지도 않은 흥미로운 일을 잇따라 만나기 때문입니다. 이 조사에 참가하여, 같은 경험을 한 나는 '목적'과 '계획'과 '책임'이라고 하는 것은 파도타기를 방해하는 것이라고 생각하게 되었습니다.

어휘 | 黄土高原(おうどこうげん) 황토고원 | 大層(たいそう) 무척 | 田舎(いなか) 시골 | 事前(じぜん)に 사전에 | 計画(けいかく)を立(た)てる 계획을 세우다 | 実行(じっこう) 실행 | 恐(おそ)ろしい 두렵다 | 次(つぎ)から次(つぎ)へと 잇따라 | 困難(こんなん) 곤란 | ふりかかる (좋지 않은 일이) 덮치다 | ひどい目(め)にあう 곤욕을 치르다 | 移動(いどう) 이동 | 見(み)つかる 발견되다 | 壊(こわ)れる 망가지다 | 運転手(うんてんしゅ) 운전수, 기사 | やる気(き) 의욕 | 止(と)まる 멈추다 | 大渋滞(だいじゅうたい) 심한 정체 | 等々(などなど) 등등 | 連続(れんぞく) 연속 | 参加(さんか) 참가 | 率(ひき)いる 거느리다 | 調査(ちょうさ) 조사 | 過去(かこ) 과거 | 経験(けいけん) 경험 | 数限(かずかぎ)りない 수 없다 | 諦(あきら)める 단념하다 | 目的(もくてき) 목적 | ブラブラする 빈둥빈둥 거리다 | 寄(よ)ってくる 다가오다 | 偶然(ぐうぜん) 우연 | 知(し)り合(あ)い 아는 사이 | 通(とお)りかかる 마침 지나가다 | 方向(こう) 방향 | 乗(の)せる 태우다 | 混(こ)む 붐비다 | 辿(たど)りつく 겨우 도착하다 | 急(きゅう)に 갑자기 | 暇(ひま)を持(も)て余(あま)す 한가한 시간을 주체 못 하다 | 嫌(いや) 싫음 | 覚(おぼ)える 기억하다 | やり方(かた) 하는 법 | 波乗(なみの)り 파도타기 | 方式(ほうしき) 방식 | 呼(よ)ぶ 부르다 | 流(なが)れ 흐름 | 思(おも)いもかけない 생각지도 않다 | 面白(おもしろ)い 재미있다 | 出遇(であ)う 만나다 | 調査(ちょうさ) 조사 | 参加(さんか) 참가 | 責任(せきにん) 책임 | 邪魔(じゃま)する 방해하다

---

41 1 襲われてしまいます   2 襲わせてしまいます

     3 襲い出してきます   4 襲いかかってきます

정답 **4** 공격해오기 시작합니다

해설 문말 표현의 올바른 형태를 묻는 문제로 정답인 선택지 4번의 「襲(おそ)いかかってきます」에서 「〜てくる」는 변화 문장에 사용되는 경우에는 우리말 '~하기 시작하다'라고 해석해야 함으로 앞 단어의 「連続(れんぞく)で〜てくる」와 연결되어 '연속으로 ~하기 시작하다'라고 하는 흐름의 문장임을 알 수 있다.

---

42 1 べきだった   2 ところだった   3 のみだった   4 かもしれなかった

정답 **2** ~하는 참이었다

해설 문말표현의 올바른 형태를 묻는 문제로 앞 문장에 있는 접속사 「すると」와 부사인 「たまたま」에서 힌트를 얻을 수 있다. 「すると」는 앞 문장의 결과가 바로 뒤 문장에 이어지는 경우에 사용하는 표현으로 '그러하니, 그러하자'의 의미이고, 「たまたま」는 '우연히, 때마침'의 의미임으로 어떠한 상황이 딱 들어 맞는 경우에 사용하는 「〜ところだった(~하는 참이었다)」가 뒤 문장에 온 선택지 4번이 정답임을 알 수 있겠다.

---

43 1 忙しいはずの   2 忙しいつもりの   3 忙しいわけのない   4 忙しくあるまい

정답 **1** 틀림없이 바쁠 것인

해설 이 문제는 앞 문장 「客と会うために家にいたのだけれど、その客が急に来られなくなったので、暇を持て余していた。ちょうど良いところにきたということで、」 '손님과 만나기 위해서 집에 있었지만 그 손님이 갑자기 못 오게 되어 한가한 시간을 주체 못 하고 있었다. 딱 좋을 때에 왔다고 함으로써'에서 원인을 이야기하고 있고 그 원인에 대한 확실한 예상을 한 선택지 1번 「忙しいはずの」 '틀림없이 바쁠 것'이 정답인 것을 알 수 있다.

---

44 1 逆らわないものでもない   2 逆らってもさしつかえない

     3 逆らってはいけない   4 逆らうに越したことはない

정답 **3** 거역해서는 안 된다

해설 필자는 첫 단락에서「何か事前に目的を決めて計画を立てて実行しようとすると、恐ろしいくらい、次から次へと困難がふりかかり、ひどい目にあいます。」'무언가 사전에 목적을 정해서 계획을 세워 실행하려고 하면 무서울 만큼 잇따라 곤란한 일이 닥쳐서 곤욕을 치릅니다.' 문제를 제기하고 그 뒤의 문장과 두 번째 단락에서는 문제 제기한 것에 대해 설명을 하고 있으면서 세 번째 단락에서 결론을 이야기하고 있다. 즉 필자는 싫어도 흐름에 거역해서는 안 되는 것을 기억하게 되었다고 말한 선택지 3번「逆らってはいけない」'흐름에 거역해서는 안 된다.'가 정답인 것을 알 수 있다.

---

45 1 交流   2 波乗り   3 偶然   4 面白み

정답 **2**

해설 세 번째 단락 두 번째 문장「深尾氏はこういうやり方を「波乗り方式」と呼んでいました」深尾葉子 씨는 이러한 방법을 '파도타기 방식'이라고 불렀습니다'에서 이야기하고 있고 세 번째 줄 문장 중「この調査に参加して同じ経験をした私は、」'이 조사에 참가하여 같은 경험을 한 나는'에서 필자는 사전에 계획 등은 '파도타기'를 방해하는 것이라고 생각하고 있는 것을 알 수 있다.

JLPT N1

실전모의테스트 1회

문법

問題5 次の文の（　　　）に入れるのに最もよいものを、1・2・3・4から一つ選びなさい。

26 お世話になった田中さんの頼み（　　　）断るわけにはいかない。

1　とあっては　　2　にあって　　　　3　をおいて　　　4　において

27 （　　　）君の言うことが事実だとしても弁解にはならない。

1　しょせん　　　2　おそらく　　　　3　かりに　　　　4　どうやら

28 引越し祝いに友人からトイレットペーパーと洗剤をたくさんもらったので、この先
一年ぐらいは（　　　）。

1　買わないわけではない　　　　　2　買わずにすませた
3　買わずにはすまないだろう　　　4　買わなくてもすみそうだ

29 （家で）
妻「本当にこのボタンを押せばいいの？押しても動かないよ。」
夫「説明書によると、それでいい（　　　）変だなあ。」
妻「組み立てる時、どこか、壊れたんじゃない。」

1　はずなんだけど　　　　　　　2　に決まっているけど
3　に違いないけど　　　　　　　4　ものなんだけど

30 ずいぶん（　　　）が、お元気でいらっしゃいますか。

1　寒くなっておりました　　　　2　寒くなってまいりました
3　寒いものと思われま　　　　　4　寒いことと存じます

31 みんなは鈴木部長を若すぎて頼りないと言うが、彼の行動力はそう（　　　）。

　　1　見くびったものでもない　　　　2　見くびったことはない
　　3　見くびるものではない　　　　　4　見くびることではない

32 政府の発表によると、今年は消費税の引き上げはないと（　　　）。

　　1　みえます　　　　　　　　　　　2　みます
　　3　みられています　　　　　　　　4　されています

33 このあいだ、母にひどいことを言ってしまったことが（　　　）ならない。

　　1　悔やまれて　　　　　　　　　　2　悔やんで
　　3　悔やまされて　　　　　　　　　4　悔やませて

34 映画好きの従兄弟に（　　　）、この映画は内容と音楽が見事に調和して素晴らしい作品だという話だ。

　　1　言われると　　　　　　　　　　2　言うと
　　3　言わされると　　　　　　　　　4　言わせると

35 （会社で）
　　山田「とても明日までには終わりそうにないんですけど。」
　　三浦「いや、やる気があれば（　　　）。」

　　1　できるわけではありませんよ
　　2　できなくもありませんよ
　　3　できるというものではありませんよ
　　4　できないでは済まされませんよ

問題6 次の文の ___★___ に入る最よいものを、1・2・3・4から一つ選びなさい。

（問題例）　きのう _____ _____ ___★___ _____ はとてもおいしかった。

　　　　　1　母　　　　　　2　買ってきた　　　　　3　が　　　　　　4　ケーキ

（解答のしかた）

1. 正しい文はこうです。

> きのう _____ _____ ___★___ _____ はとてもおいしかった。
> 　　　1　母　　　3　が　　　2　買ってきた　　4　ケーキ

2. ___★___ に入る番号を解答用紙にマークします。

　　　　　　　　　　（解答用紙）　　（例）　①　●　③　④

36　このたび、わが社の _____ _____ ___★___ _____ に堪えません。

　　1　まことに遺憾　　　　　　　　2　引き起こしましたことは

　　3　監督不行き届きから　　　　　4　このような大事故を

37　あのひとはあたかも _____ ___★___ _____ _____ ふるまっている。

　　1　が　　　　　　　　　　　　　2　ごとく

　　3　自分のものである　　　　　　4　世の中のすべてが

38　合唱は _____ ___★___ _____ _____ 代えがたい美しさがある。

　　1　それがひとつになった時に生まれる

　　2　ともすれば

　　3　ハーモニーには何物にも

　　4　声がばらばらになりがちだが

39 テレビを買う場合は ＿＿＿＿ ＿＿＿＿ ★ ＿＿＿＿ 確かめてから買ったほうがいい。

1 それを
2 古いのを
3 ということだから
4 下取りしてくれる

40 中小の製造業では人手不足の解消や生産向上を図るため＿＿＿＿ ＿＿＿＿ ★ ＿＿＿＿ ことなどから導入は進んでいないということだ。

1 専門知識を持った
2 ロボットの導入を検討している
3 企業が多いものの
4 人材が不足している

問題7 次の文章を読んで、文章全体の趣旨を踏まえて、 41 から 45 の中に入る最もよいものを、1・2・3・4から一つ選びなさい。

来年から使用される中学校の教科書に「イクメン」という造語が盛り込まれることになった。「イクメン」とは、「育児をするメンズ(男性)の略語であって、単に育児中の男性というだけでなく、 41 育児休暇を取得するなど、子育てを積極的に行う男性や育児を楽しみ、みずからも成長しようとする男性または、将来的に 42 と考える男性のことを意味する。「イケメン」をもじって作られた「イクメン」であるが、その内容は決して、軽くない。 今までは、出産後、女性が引き続き子育てをするのが一般的であって、子育ては否応なしにいつも女性の仕事であった。これに対して最近、男性が育児休暇を取って、子育てを行う男性がすこしずつ増えつつあり、こういった男性を褒め称えることばとして生まれたのが「イクメン」である。 43 、日本における事実上の数は少ないのが現状である。

世界的に見ても日本の男性の育児休暇取得率は約1.23％と極めて低い。そこで、厚労省は「子育て中の働き方の見直し」や「父親も子育てできる働き方の実現」といった改正点を新たな育児介護休暇法に盛り込むことで男性の育児休暇取得率を10％引き上げることを目標としている。

これ 44 「イクメン」を支援する企業がどんどん増えれば、女性のライフスタイルや子供を取り巻く環境、家族のあり方が変わり、ひいては会社や社会にもプラス変化をもたらすことになると考えられる。これから、日本では美しい容姿の「イケメン」より、エプロンをかけ、子供を抱っこしてミルクを飲ませる「イクメン」のほうが脚光を 45 。

41

1　しいて　　　　2　あらためて　　　3　こだわって　　4　すすんで

42

1　しないでではではすまない　　　　2　そうありたい
3　せざるを得ない　　　　　　　　　4　そうしてほしい

43

1 それゆえに　　　　　　　2 これとともに
3 とはいえ　　　　　　　　4 それはさておき

44

1 を受けて　　　　　　　　2 にもまして
3 にひきかえ　　　　　　　4 をおいて

45

1 浴びるだけのことはあるだろう
2 浴びることになるだろう
3 浴びられるとは限らない
4 浴びられるに決まってる

JLPT N1

실전모의테스트 2회

문법

問題5 次の文の（　　　）に入れるのに最もよいものを、1・2・3・4から一つ選びなさい。

26 このサイトは登録なしに、写真や映像を簡単に誰（　　　）共有できるのでとても便利だ。

    1　としか　　　　　2　にして　　　　　3　とでも　　　　　4　にでも

27 彼は医者（　　　）、かつ有名な小説家でもある。

    1　にして　　　　　2　としても　　　　　3　であれ　　　　　4　とあって

28 大学入試を目前に控えて、ここ2週間（　　　）、緊張で息がつまりそうだ。

    1　といっても　　　2　からある　　　　　3　というもの　　　4　たるもの

29 彼の演奏が終わると、会場からは（　　　）拍手がわきあがった。

    1　割れんばかりの　　　　　　　　　　2　割れんがための
    3　割れるにたる　　　　　　　　　　　4　割れるやいなや

30 ボランティア活動を終え、明日帰国する。おそらくもう二度とここに（　　　）。

    1　来ずにはおかないだろう　　　　　　2　来そうにないだろう
    3　来ないまでもないだろう　　　　　　4　来ることはあるまい

31 資金調達がうまくいかず、プロジェクトは中止（　　　）。

    1　を余儀なくさせた　　　　　　　　　2　を余儀なくされた
    3　にほかならない　　　　　　　　　　4　にこしたことはない

32 冗談にも（　　　）がある。言葉に気をつけなさい。

   1　わけ　　　　　　2　きり　　　　　　3　むき　　　　　　4　ほど

33 一時は留学をあきらめようとしたが、応援してくれる母の気持ちを考えると、
  （　　　）やめられなかった。

   1　やめるや　　　　　　　　　　2　やめるに
   3　やめようとも　　　　　　　　4　やめずに

34 夫「来年、アメリカに転勤することになったよ。」
  妻「ええ！そうなの？もっと早くわかっていたら、太郎をアメリカの大学に
  （　　　）。」

   1　行かしたものの　　　　　　　2　行かせたものを
   3　行かされただろうに　　　　　4　行っていただいたのに

35 小学生の娘がはじめて作ってくれた料理だったので、おなかがいっぱいだったが
  （　　　）。

   1　食べないはずがなかった　　　　　2　食べないわけにはいかなかった
   3　食べる気にはなれなかった　　　　4　食べるどころではなかった

問題6 次の文の___★___に入る最よいものを、1・2・3・4から一つ選びなさい。

（問題例）　きのう ＿＿＿＿ ＿＿＿＿ ＿★＿ ＿＿＿＿ はとてもおいしかった。

　　　　　　　1　母　　　　　　2　買ってきた　　　　3　が　　　　　4　ケーキ

（解答のしかた）

1. 正しい文はこうです。

きのう ＿＿＿＿ ＿＿＿＿ ＿★＿＿ ＿＿＿＿ はとてもおいしかった。
1　母　　3　が　　2　買ってきた　　4　ケーキ

2. ___★___に入る番号を解答用紙にマークします。

　　　　　　　（解答用紙）　（例）　① ● ③ ④

36 彼はアメリカで育った ＿＿＿＿ ＿＿＿＿ ＿★＿ ＿＿＿＿ 自身があるという。

　　1　だけは　　　　2　に　　　　　　3　英語　　　　4　だけ

37 資本主義市場においてもある程度の制限は止むを得ない。市場はただ自由で
＿＿＿＿ ＿＿＿＿ ＿★＿ ＿＿＿＿ いうものでもない。

　　1　さえ　　　　　2　あり　　　　　3　よいと　　　　4　すれば

38 程度の差はあるだろうが、長所や才能が一つも ＿＿＿＿ ＿＿＿＿ ＿★＿ ＿＿＿＿ 。

　　1　なんて　　　　2　ひと　　　　　3　ない　　　　4　いない

39 こんな時間に ＿＿＿＿ ＿＿＿＿ ＿★＿ ＿＿＿＿ もう間に合わないだろう。

　　1　急に　　　　　2　慌てた　　　　3　ところで　　　4　なって

40 日本語スピーチコンテストで優勝した張さんの発表は、正確な発音は

_____ ___★___ _____ _____ 高く評価されたという。

1　すばらしい　　2　もとより　　　　3　内容が　　　　4　人の心を打つ

問題7 次の文章を読んで、文章全体の趣旨を踏まえて、41 から 45 の中に入る最も よいものを、1・2・3・4から一つ選びなさい。

　多くは編集者に、「いいものができたら持ってきてください」といわれて、でき たところで持っていく。 41 「持ち込み原稿」をするのですが、それが必ずしも 掲載される 42 。

　ほとんどは、「それでは読んでみます」といわれ、そのまま待っていても返事が ないので、不安になってこちらから問い合わせると、「まだ、すぐには載せられま せん」とか、「ここと、ここを直して欲しい」といわれ、ときには 43 もあり ます。この、せっかくの原稿を返されたときはショックが大きく、暗澹たる気持ちに （注） なります。

　もちろん、わたしも同じような経験がありますが、そういうとき、「あの編集 者は、少しも小説がわかっていない」「俺の才能を見抜けないとは、なんたるやつ だ」などと、勝手なことを 44 、新宿の安バーなどでひたすら酒を飲み続けま す。

　実際、半月か1か月か、心血注いで書いた原稿がそのまま返されるのですから 45 、悔しくて、やるせなくていられないのです。そうして三日三晩くらい、ひ たすら飲み続けて、そこから醒めて這い上がると、「よし、また書くぞ」と、新し い意欲が湧いてきます。

（渡辺純一『鈍感力』による）

(注) 暗澹たる気持ち：まったく希望が持てない気持ち

41

    1　いわく　　　　2　もちろん　　　　3　いわゆる　　　4　あらゆる

42

    1　とはかぎりません　　　　　　　2　とはかぎれません
    3　ともいわれません　　　　　　　4　ともいいません

43

    1　そのまま突っ返されること
    2　そこを除いて掲載してくれること
    3　そこだけを直して載せられること
    4　そのまま掲載してくれること

44

    1　編集長に聞いてもらいながら　　　2　さんざん言い聞かされながら
    3　自分に言い聞かせながら　　　　　4　黙って聞いてあげながら

45

    1　そうすることによって　　　　　2　そうでもしなければ
    3　そうかとおもえば　　　　　　　4　それだからこそ

실전모의테스트 1회

문법

문제 5 다음 문장의 ( ) 안에 들어갈 것으로 가장 적당한 것을 1·2·3·4에서 하나 고르세요.

26 お世話になった田中さんの頼み（ 　 ）断るわけにはいかない。
　　1　とあっては　　　　　2　にあって　　　　　3　をおいて　　　　　4　において

정답 **1** 신세진 다나카 씨의 부탁이라면 거절할 수가 없다.

어휘 お世話 신세 | 頼み 부탁 | 断る 거절하다 | ～わけにはいけない ~할 수 없다,

해설 「～とあっては」는 '~라면' 이라는 의미로 문맥 해석상 가장 적합하며, 그 외 「～にあって(~에 있어서)」, 「～をおいて(~을 제외하고)」, 「～において(~에 있어서, ~에서)」이다.

---

27 （ 　 ）君の言うことが事実だとしても弁解にはならない。
　　1　しょせん　　　　　2　おそらく　　　　　3　かりに　　　　　4　どうやら

정답 **3** 가령 너의 말이 사실이라고 하더라도 변명이 될 수 없다.

어휘 事実 사실 | ～としても ~라고 해도 | 弁解 변명

해설 문맥 해석상 「かりに(만일, 임시로)」가 오는 것이 적당하다. 그 외 「しょせん(어차피)」, 「おそらく(아마도)」, 「どうやら(아무래도)」이다.

---

28 引越し祝いに友人からトイレットペーパーと洗剤をたくさんもらったので、この先一年ぐらいは
　　（ 　 ）。
　　1　買わないわけではない　　　　　　2　買わずにすませた
　　3　買わずにはすまないだろう　　　　4　買わなくてもすみそうだ

정답 **4** 이사 축하 선물로 친구에게 화장지와 세제를 많이 받았기 때문에 앞으로 1년 정도는 사지 않고 해결될 것 같다.

어휘 引越し祝い 이사 축하 선물 | トイレットペーパー 화장지 | 洗剤 세제

해설 「済む」는 '해결된다, 끝나다'라는 자동사로 양태 「そうだ」가 붙어 「すみそうだ(~해결(끝)날 것 같다)」라는 의미가 되어 문맥 해석이 자연스러워진다. 그 외 선택지 1번은 '사지 않는 것도 아니다(살 수도 있다)' 2번은 '사지 않고 해결했다', 3번은 '사지 않으면 안 될 것이다'라고 해석된다.

---

29 (家で)
　　妻「本当にこのボタンを押せばいいの？押しても動かないよ。」
　　夫「説明書によると、それでいい（ 　 ）変だなあ。」
　　妻「組み立てる時、どこか、壊れたんじゃない。」
　　1　はずなんだけど　　　　　　　　2　に決まっているけど
　　3　に違いないけど　　　　　　　　4　ものなんだけど

정답 **1** (집에서)

아내 "정말 이 버튼을 누르면 되는 거야? 눌러도 움직이지 않아"
남편 "설명서에 의하면 그렇게 하면 될 텐데 이상하네"
아내 "조립할 때 어딘가 망가진 거 아냐?"

어휘 押す 누르다 | 動く 움직이다 | 説明書 설명서 | 組み立てる 조립하다 | 壊れる 부서지다, 망가지다

해설 「はずだ」와 「に違いない」는 화자가 확신하고 있는 사항을 표현할 때 사용한다. 「はずだ」는 논리나 기본지식의 근거하여 얻어진 확신을 나타내는 것이 기본인 것에 대해, 「に違いない」는 직감적인 확신도 표현할 수가 있다. 때문에 보기 문장처럼 사고결과의 확신과 현실이 어긋날 때에는 「はずだ」 밖에 사용할 수가 없다. 2번의 「に決まっている(~반드시 그러할 것이다)」는 「に違いない」의 구어체적인 표현이다. 4번 「ものなんだけど(~인(한) 것인데)」는 상식, 본성의 당연함을 나타내기 때문에 정답은 1번이 된다.

---

[30] ずいぶん（　　　　）が、お元気でいらっしゃいますか。

1　寒くなっておりました　　　　　2　寒くなってまいりました
3　寒いものと思われます　　　　　4　寒いことと存じます

정답 **2** 꽤 추워 졌습니다만, 건강하십니까?

어휘 ずいぶん 꽤, 상당히

해설 이 문장은 무생물(자연, 시간 등)이 주어(날씨)인 경우인데, 2번의 「寒くなってまいりました」는 겸양표현이 아닌 '추워 졌다'를 정중하게 표현한 문장이다.

---

[31] みんなは鈴木部長を若すぎて頼りないと言うが、彼の行動力はそう（　　　　）。

1　見くびったものでもない　　　　　2　見くびったことはない
3　見くびるものではない　　　　　　4　見くびることではない

정답 **1** 모두 스즈키부장을 너무 젊어서 미덥지 못하다고 하지만 그의 행동력은 그렇게 얕볼 게 못 된다.

어휘 頼りない 믿을(기대할) 수 없다, 미덥지 못하다 | 行動力 행동력 | 見くびる 업신여기다, 얕보다, 깔보다(1그룹동사)

해설 「동사た形＋ものでもない」는 '~한(인) 것도 아니다'이며, 내포된 의미는 '(그렇게) 나쁘지 않다'가 된다. 「見くびったものでもない」는 '얕볼 것도 아니다' 즉 '얕볼 게 못된다'로 해석 된다.

---

[32] 政府の発表によると、今年は消費税の引き上げはないと（　　　　）。

1　みえます　　　　2　みます　　　　3　みられています　　　　4　されています

정답 **4** 정부의 발표에 의하면, 올해는 소비세의 인상은 없다고 한다.

어휘 政府 정부 | 発表 발표 | 消費税 소비세 | 引き上げ 인상

해설 「〜によると(~에 의하면)」이 앞부분에 나와서 자연스런 연결은 전문형태가 오는 것인데, 전문과 인용의 뜻을 지닌 표현은 「〜とされる(~라고 한다)」이며, 4번이 답으로 적당하다. 1번의 「〜とみえる」는 '~인 것 같다'의 의미로 추측한 것을 진술할 때 사용한다.

---

[33] このあいだ、母にひどいことを言ってしまったことが（　　　　）ならない。

1　悔やまれて　　　　2　悔やんで　　　　3　悔やまされて　　　　4　悔やませて

정답 **1** 요전에 엄마에게 심한 말을 해버린 것이 너무나도 후회된다.

| 어휘 | 悔やむ 후회하다 | ～てならない 아주~하다

| 해설 | 「～てならない(너무~하다)」는 어떤 감정이나 감각이 자연스럽게 생겨나 스스로는 억제할 수 없는 상태임을 나타내며, 「～てならない(너무~하다)」 앞에는 「悔やむ(후회하다)」처럼 감정이나, 감각, 욕구를 나타내는 표현이 쓰인다. 그리고 문맥상 '후회된다'가 적당하기 때문에 「悔やむ(후회하다)」의 수동 「悔やまれる(후회되다)」를 활용하면 「悔やまれてならない(후회돼 미치겠다)」가 된다.

---

34 映画好きの従兄弟に（　　　）、この映画は内容と音楽が見事に調和して素晴らしい作品だという話だ。

1　言われると　　　　　2　言うと　　　　　3　言わされると　　　　4　言わせると

| 정답 | **4** 영화 좋아하는 사촌의 말에 의하면 이 영화는 내용과 음악이 훌륭하게 조화된 멋진 작품이라고 한다.

| 어휘 | 従兄弟 사촌 | 映画 영화 | 見事 훌륭함 | 調和 조화 | 素晴らしい 멋지다 | 作品 작품

| 해설 | 「～に言わせると」는 직역하면 부자연스럽기 때문에 주어가 타인일 경우에는 '~의 말에 의하면'으로, 주어가 자신일 경우에는 '내 생각을 말한다면'으로 해석된다.

---

35 (会社で)

山田「とても明日までには終わりそうにないんですけど。」

三浦「いや、やる気があれば（　　　）。」

1　できるわけではありませんよ　　　　2　できなくもありませんよ

3　できるというものではありませんよ　　4　できないでは済まされませんよ

| 정답 | **2** (회사에서)

　　야마다 "도저히 내일까지는 끝날 것 같지 않은데요."

　　미우라 "아뇨, 의지만 있다면 못할 것도 없어요."

| 어휘 | とても～ない 도저히 ~않다 | やる気 의욕, 의지

| 해설 | 문맥 해석상 2번의 「～なくも(は)ない (=～ないことはない)」 '~하지 않는 것도 아니다, ~이(가) 아닌 것도 아니다'인 소극적인 이중부정의 긍정표현이 답으로 적당하며, 그 밖에도 소극적 이중부정의 긍정표현에는 「～ないものでもない」, 「～ないわけではない」가 있다.

문제 6 다음 문장의 ___★___ 안에 들어갈 가장 적당한 것을 1・2・3・4에서 하나 고르세요.

36 このたび、わが社の _____ _____ ___★___ _____ に堪えません。

1　まことに遺憾　　　　　　　　2　引き起こしましたことは

3　監督不行き届きから　　　　　4　このような大事故を

| 정답 | **2** 이번 우리 회사의 감독소홀에 의해 이러한 큰 사고를 일으킨 것은 대단히 유감스럽습니다.

| 올바른 문장 | このたび、わが社の監督不行き届きからこのような大事故を引き起こしましたことはまことに遺憾に堪えません。

| 어휘 | 遺憾 유감 | 引き起こす 일으키다, 발생시키다 | 監督不行き届き 감독 소홀

| 해설 | 「～に堪えない」가 감정을 나타내는 명사에 접속되면 '아주(대단히) ~하다'로 감정을 강조하게 되므로 1번은 마지막 자리에 오면 되고 나머지는 문맥 해석에 따른 순서로 가면 된다.

---

37 あの人はあたかも ＿＿＿＿ ★ ＿＿＿＿ ＿＿＿＿ ふるまっている。

1　が　　　　　　　　　　　　2　ごとく

3　自分のものである　　　　　4　世の中のすべてが

정답 **3** 저 사람은 마치 세상의 모든 것이 자신의 것인 것처럼 행동하고 있다.

올바른 문장 あの人はあたかも世の中のすべてが自分のものであるがごとくふるまっている。

어휘 あたかも 마치, 흡사 | 世の中(よのなか) 세상 | ふるまう 행동하다, 대접하다

해설 「～ごとく」가 중심 문형이며, '~같이, ~처럼'의 뜻으로 접속형태는 「명사 / 명사+であるが(の) or かの / ナ형용사+である(が)の or かの / 동사사전형·동사た形+(が) or (かの)＋ごとく: ~같이 / ごとき: ~같은/ごとし: ~같다」이다. 나머지는 내용 흐름에 따른 순서가 된다.

---

38 合唱は ＿＿＿＿ ★ ＿＿＿＿ ＿＿＿＿ 代えがたい美しさがある。

1　それがひとつになった時に生まれる　　2　ともすれば

3　ハーモニーには何物にも　　　　　　　4　声がばらばらになりがちだが

정답 **4** 합창은 자칫하면 소리가 제각각이 되기 십상이지만 그것이 하나가 되었을 때 나오는 하모니에는 무엇과도 바꿀 수 없는 아름다움이 있다.

올바른 문장 合唱はともすれば声がばらばらになりがちだが、それがひとつになったときに生まれるハーモニーには何物にも代えがたい美しさがある。

어휘 合唱(がっしょう) 합창 | ともすれば 자칫하면, 걸핏하면 | ばらばら 뿔뿔이, 제각기 다른 모양 | ～がちだ 하기 십상이다, ~하는 경향이 있다 | ハーモニー 하모니 | 代(か)えがたい 바꿀 수 없다, 대신 할 수 없다

해설 우선 '자칫하면'이라는 의미의 부사로 사용된「ともすれば」를 파악했다면 그 다음은 문맥 해석 순서로 놓으면 된다.

---

39 テレビを買う場合は ＿＿＿＿ ＿＿＿＿ ★ ＿＿＿＿ 確かめてから買ったほうがいい。

1　それを　　　　2　古いのを　　　　3　ということだから　　　　4　下取りしてくれる

정답 **3** 텔레비전을 살 경우는 오래된 것을 보상 판매해 준다고 하니까 그것을 확인하고 나서 사는 편이 좋다.

올바른 문장 テレビを買う場合は古いのを下取りしてくれるということだからそれを確かめてから買ったほうがいい。

어휘 下取(したど)り 보상판매 | ～ということだ ~라고 한다 | 確(たし)かめる 확인하다

해설 문맥 해석 문제로 선택지에 나온 어휘의 뜻만 알면, 내용 흐름에 따라 나열하면 된다.

---

40 中小の製造業(せいぞうぎょう)では人手不足の解消や生産向上を図るため ＿＿＿＿ ＿＿＿＿ ★ ＿＿＿＿ ことなどから導入は進んでいないということだ。

1　専門知識を持った　　　　　　2　ロボットの導入を検討している

3　企業が多いものの　　　　　　4　人材が不足している

정답 **1** 중소 제조업에서는 인력 부족의 해소와 생산 향상을 꾀하기 위해 로봇의 도입을 검토하고 있는 기업이 많지만, 전문지식을 가진 인재가 부족한 것 등의 이유로 도입은 진행되지 않고 있다고 한다.

올바른 문장 中小の製造業では人手不足の解消や生産向上を図るためロボットの導入を検討している企業が多いものの専門知識を持った人材が不足していることなどから導入は進んでいないということだ。

어휘 製造業 제조업 | 人手不足 인력부족 | 解消 해소 | 生産性 생산성 | 図る 도모하다, 꾀하다 | 導入 도입 | 検討 검토 | 専門知識 전문지식 | 企業 기업

해설 「~ものの」는 '~(이)지만'이라는 의미의 역접을 나타내는 문형으로, 그 다음은 문맥 해석의 흐름대로 나열하면 된다.

문제 7 다음 문장의 41 ~ 45 안에 들어갈 것으로 가장 적당한 것을 1·2·3·4에서 하나 고르세요.

来年から使用される中学校の教科書に「イクメン」という造語が盛り込まれることになった。「イクメン」とは、「育児をするメンズ(男性)の略語であって、単に育児中の男性というだけでなく、 41 育児休暇を取得するなど、子育てを積極的に行う男性や育児を楽しみ、みずからも成長しようとする男性または、将来的に 42 と考える男性のことを意味する。「イケメン」をもじって作られた「イクメン」であるが、その内容は決して、軽くない。今までは、出産後、女性が引き続き子育てをするのが一般的であって、子育ては否応なしにいつも女性の仕事であった。これに対して最近、男性が育児休暇を取って、子育てを行う男性がすこしずつ増えつつあり、こういった男性を褒め称えることばとして生まれたのが「イクメン」である。 43 、日本における事実上の数は少ないのが現状である。

世界的に見ても日本の男性の育児休暇取得率は約1.23%と極めて低い。そこで、厚労省は「子育て中の働き方の見直し」や「父親も子育てできる働き方の実現」といった改正点を新たな育児・介護休暇法に盛り込むことで男性の育児休暇取得率を10%引き上げることを目標としている。

これ 44 「イクメン」を支援する企業がどんどん増えれば、女性のライフスタイルや子供を取り巻く環境、家族のあり方が変わり、ひいては会社や社会にもプラス変化をもたらすことになると考えられる。これから、日本では美しい容姿の「イケメン」より、エプロンをかけ、子供を抱っこしてミルクを飲ませる「イクメン」のほうが脚光を 45 。

내년부터 사용되는 중학교 교과서에 '이쿠맨'이라는 조어가 포함되게 되었다. '이쿠맨'이란 '육아를 하는 남성의 준말로, 단순히 육아 중인 남성이라는 것뿐만 아니라 자진해서 육아 휴가를 취득하는 등, 육아를 적극적으로 하는 남성이나 육아를 즐기며 스스로도 성장하고자 하는 남성 또는 미래에 그렇게 되고 싶다고 생각하는 남성을 의미한다. '이케맨(꽃미남)'을 패러디해서 만들어진 '이쿠맨'이지만, 그 내용은 결코 가볍지 않다. 지금까지는 출산 후 여성이 계속해서 육아를 하는 것이 일반적이고, 육아는 싫든 좋든 항상 여성의 일이었다. 이것에 대해 최근 남성이 육아 휴직을 내고, 육아를 하는 남성이 조금씩 늘어가고 있으며, 이러한 남성을 칭송하는 말로 생겨난 것이 '이쿠맨'이다. 그러나 일본에 있어서 사실상의 수는 적은 것이 현상이다. 세계적으로 봐도 일본 남성의 육아 휴직 취득률은 약 1.23%로 매우 낮다. 그래서 후생성은 '육아 중의 노동 방식의 재검토'와 '아버지도 육아를 할 수 있는 노동 방식의 실현' 이라는 개정 사항을 새로운 육아·개호(간호) 휴가법에 포함시킴으로써 남성의 육아휴직 취득률을 10% 인상하는 것을 목표로 하고 있다.

이로 인해 '이쿠맨'을 지원하는 기업이 점점 늘어난다면, 여성의 라이프 스타일이나 아이를 둘러싼 환경, 가족의 모습이 변해 나아가서는 회사나 사회에도 플러스 변화를 가져오게 될 거라고 여겨진다. 앞으로는 일본에서는 아름다운 용모의 '이케맨'보다 앞치마를 하고 아이를 안고 우유를 먹이는 '이쿠맨' 쪽이 각광을 받게 될 것이다.

어휘 造語 조어 | 盛り込む 담다, 포함시키다 | 育児 육아 | 略語 생략어 | 単に 단순히 | 休暇 휴가 | 取得 취득 | 子育て 육아 | 積極的 적극적 | みずから 스스로 | 将来的 장래적 | もじる 비틀다, 패러디하다 | 出産 출산 | 引き続く 뒤를 잇다, 잇따르다 | 否応なしに 마지못해, 싫든 좋든 | ~つつある ~하고 있다 | 褒め称える 칭송하다, 기리다 | 現状 현상 | 極めて 매우 | 厚労省 후생노동성 | 実現 실현 | 改正点 고칠 점(개정 점) | 介護 개호, 간병, 간호 | 引き上げる 인상하다 | 目標 목표 | 支援 지원 | 取り巻く 둘러싸다 | 環境 환경 | あり方 (바람직한) 모습(자세) | ひいては 나아가서는 | 容姿 용모, 외모 | イケメン 꽃 미남 | 抱っこする 안다 | 脚光を浴びる 각광을 받다

41　1　しいて　　　　　2　あらためて　　　　3　こだわって　　　　4　すすんで

정답　4

해설　바로 앞의 내용인 '육아를 하는 중인 남성'보다 좀더 적극적인 표현이 오거나 그와 같은 내용이 와야 뒤에 따라 나오는 '육아에 적극적이고 즐기는 남성'과 자연스럽게 이어지므로 '자진해서'라는 뜻의「すすんで」가 오는 것이 적당하다.

42　1　しないではではすまない　2　そうありたい　　　3　せざるを得ない　　　4　そうしてほしい

정답　2

해설　육아에 적극적인 남성의 '적극적이고, 즐기고, 성장하려 하는' 내용을 그대로 이어가고 있기 때문에 '미래에 그렇게 되고 싶어 하는 남성'이 오는 것이 가장 자연스럽다.

43　1　それゆえに　　　　2　これとともに　　　3　とはいえ　　　　4　それはさておき

정답　3

해설　접속사를 묻는 문제 이며, 앞의 내용에서는 '육아휴직을 내는 남성이 늘어가고 있다'이고 괄호 뒤의 문장에서는 '세계적인 추세로 볼 때는 육아 휴직 취득률이 매우 낮다'라는 역접의 내용이 나오므로「とはいえ(그러나, 그렇다고는 하지만)」가 오는 것이 적합하다.

44　1　を受けて　　　　2　にもまして　　　3　にひきかえ　　　4　をおいて

정답　1

해설　앞 문장은 '후생노동성이 육아 취득률을 10%로 올리는 것을 목표로 하고 있다'는 내용이고, 그 다음에 이어지는 것은 '그런 노력으로 인해 변화될 모습'을 예상하고 있는 내용이므로「これを受けて(이로 인해)」가 오는 것이 자연스럽다.

45　1　浴びるだけのことはあるだろう　　　2　浴びることになるだろう
　　　3　浴びられるとは限らない　　　　　4　浴びられるに決まってる

정답　2

해설　전체적으로 '이쿠맨'을 권장하는 내용이었기 때문에 앞으로 '이케맨'보다 '이쿠맨'이 더 주목받게 되리라는 것을 예상할 수 있으므로 추량 표현과 함께 쓰인 '각광받게 될 것이다'가 답으로 적당하다.

실전모의테스트 2회

문법

문제 5 다음 문장의 ( ) 안에 들어갈 것으로 가장 적당한 것을 1・2・3・4에서 하나 고르세요.

26 このサイトは登録なしに、写真や映像を簡単に誰（　　　）共有できるのでとても便利だ。

　　1　としか　　　　　　2　にして　　　　　　3　とでも　　　　　　4　にでも

정답 **3** 이 사이트는 등록없이 사진이나 영상을 간단하게 누구하고라도 공유할 수 있어서 매우 편리하다.

어휘 登録 등록 | 写真 사진 | 映像 영상 | 共有 공유 | 便利だ 편리하다

해설 '~하고라도'의 의미로는「とでも」가 가장 적당하다.

---

27 彼は医者＿＿＿＿、かつ有名な小説家でもある。

　　1　にして　　　　　　2　としても　　　　　　3　であれ　　　　　　4　とあって

정답 **1** 그는 의사이면서 동시에 유명한 소설가이기도 하다

어휘 医者 의사 | かつ 동시에, 또한 | 有名な 유명한 | 小説家 소설가

해설 공란에 이어지는 것이「かつ (동시에)」이므로, '~이면서, 동시에'로 나열할 수 있는「～にして」가 가장 잘 어울린다.
그 외에는「～としても (~로서도)」「～であれ (~든지 (상관없이))」「～とあって (~인 까닭에)」의 의미로 사용한다.

---

28 大学入試を目前に控えて、ここ2週間＿＿＿＿、緊張で息がつまりそうだ。

　　1　といっても　　　　　　2　からある　　　　　　3　というもの　　　　　　4　たるもの

정답 **3** 대학 입시를 목전에 두고, 이번 2주 내내 긴장으로 숨이 막힐 것 같다.

어휘 大学入試 대학 입시 | 目前に控えて 목전에 두고 | 息がつまる 숨이 막히다

해설「～からある (~이 넘는)」「～たるもの (~인 이상은, ~이라면)」

---

29 彼の演奏が終わると、会場からは＿＿＿＿拍手がわきあがった。

　　1　割れんばかりの　　　　　　　　　　2　割れんがための

　　3　割れるにたる　　　　　　　　　　　4　割れるやいなや

정답 **1** 그의 연주가 끝나자, (연주)회장에서는 터질 듯한 박수가 터져 나왔다.

어휘 演奏 연주 | 会場 회장 | 拍手 박수 | 湧き上がる 터져 나오다

해설「～んばかりの (~할 것 같은)」,「割れんがための (깨지기 위한)」,「割れるにたる (깨질 만한)」,「割れるやいなや (깨지자마자)」

---

30 ボランティア活動を終え、明日帰国する。おそらくもう二度とここに＿＿＿＿。

　　1　来ずにはおかないだろう。　　　　　　2　来そうにないだろう。

　　3　来ないまでもないだろう。　　　　　　4　来ることはあるまい。

정답 4 자원봉사 활동을 끝내고, 내일 귀국한다. 아마도 두 번 다시 여기에 오는 일을 없을 것이다.

어휘 ボランティア活動 자원봉사 활동 | 終える 끝내다 | 帰国 귀국 | おそらく 틀림없이, 필시 | もう二度と 두 번 다시

해설 대부분의 경우, 「あるまい」는 「ないだろう」로 바꿔 쓸 수 있다. 「来ることはあるまい」≒「来ることはないだろう」
「~ずにはおかない (반드시 ~하고야 말 것이다)」「~そうにない (~하지 않을 것 같다)」「~までもない (~할 것 까지도 없다)」

---

31 資金調達がうまくいかず、プロジェクトは中止＿＿＿＿＿＿。

1 を余儀なくさせた　　　　　　　　　　　2 を余儀なくされた

3 にほかならない　　　　　　　　　　　　4 にこしたことはない

정답 2 자금조달이 잘 되지 않아서, 프로젝트는 중지하지 않을 수 없었다.

어휘 資金調達 자금 조달 | うまくいかない 잘 되지 않는다 | プロジェクト 프로젝트 | 中止 중지

해설 「~を余儀なくされる」는 '어쩔 수 없이 ~하게 되다' 이며, 정답은 2번이다. 「~余儀なくさせる (~을 하게끔 만들다)」「~にほかならない (다름 아닌 ~인 것이다)」「~にこしたことはない (~이라면 더할 나위 없다)」

---

32 冗談にも＿＿＿＿＿＿がある。言葉に気をつけなさい。

1 わけ　　　　　　2 きり　　　　　　3 むき　　　　　　4 ほど

정답 4 농담에도 정도가 있다. 말 조심 하시오.

어휘 冗談 농담 | 言葉 말 | 気をつける 조심하다

해설 「ほどがある」는 '정도가 있다'의 뜻으로, '지나치면 안 된다'라는 의미로 사용된다. 「わけがある (이유가 있다)」「きりがない (한(끝)이 없다)」

---

33 一時は留学をあきらめようとしたが、応援してくれる母の気持ちを考えると、（　　　　）やめられなかった。

1 やめるや　　　　　2 やめるに　　　　　3 やめようとも　　　　　4 やめずに

정답 2 한 때는 유학을 포기하려고도 했으나, 응원해주는 모친의 마음을 생각하면, 그만두려 해도 그만 둘 수 없었다.

어휘 一時 한 때 | 留学 유학 | あきらめる 포기하다 | 応援する 응원하다

해설 '~하려 해도 ~할 수 없다'의 표현 중 대표적인 것으로 의지형에 연결되는 「~(う)にも~られない」와 더불어 기본형에 연결되는 「~(る)に~られない」가 있다.

---

34 夫「来年、アメリカに転勤することになったよ。」

　　妻「ええ！そうなの？もっと早くわかっていたら、太郎をアメリカの大学に＿＿＿＿＿＿。」

1 行かしたものの　　　　　　　　　　　2 行かせたものを

3 行かされただろうに　　　　　　　　　4 行っていただいたのに

정답 2 남편 "내년에 미국에 전근하게 되었어"
　　　부인 "응? 그래? 더 빨리 알았으면 타로를 미국 대학에 보냈을 텐데"

어휘 来年 내년 | 転勤 전근

해설 「~ものを」는 「~のに」, 「~だろうに」와 같이 '~했을 텐데, ~할 텐데'의 의미로 사용된다. 1번은 '보내긴 했지만' 3번과 4번은 사역문장으로 사용할 수 없다.

35 小学生の娘がはじめて作ってくれた料理だったので、おなかがいっぱいだったが_____。

1 食べないはずがなかった　　　　　　　　2 食べないわけにはいかなかった

3 食べる気にはなれなかった　　　　　　　4 食べるどころではなかった

정답 2 초등학생 딸이 처음으로 만들어 준 요리였기에 배가 불렀지만 먹지 않을 수가 없었다.

어휘 小学生 초등학생 | 娘 딸 | 料理 요리

해설 「~ないわけにはいかない」는 전후 관계상 '~하지 않을 수가 없다'의 뜻으로 불가피한 상황을 나타낸다.

문제 6 다음 문장의 ___★___ 안에 들어갈 가장 적당한 것을 1·2·3·4에서 하나 고르세요.

36 彼はアメリカで育った _____ _____ ★ _____ 自信があるという。

1 だけは　　　　　2 に　　　　　3 英語　　　　　4 だけ

정답 3 그는 미국에서 자란 만큼, 영어만큼은 자신이 있다고 한다.

올바른 문장 彼はアメリカで育っただけに英語だけは自信があるという。

어휘 育つ 자라다 | 自信がある 자신이 있다

해설 「~だけに」는 '~했던 만큼'의 뜻으로 앞쪽에 '납득의 근거'가 온다. 유사한 표현으로 「だけあって」가 있다.

---

37 資本主義市場においてもある程度の制限はやむを得ない。市場はただ自由で _____ _____ ★ _____ いうものでもない。

1 さえ　　　　　2 あり　　　　　3 よいと　　　　　4 すれば

정답 4 자본주의 시장에 있어서도 어느 정도 제한은 어쩔 수 없다. 시장은 그저 자유롭기만 하다고 좋은 것은 아니다.

올바른 문장 資本主義市場においてもある程度の制限はやむを得ない。市場はただ自由でありさえすればよいというものでもない。

어휘 資本主義 자본주의 | 市場 시장 | ある程度 어느 정도 | 制限 제한 | やむを得ない 어쩔 수 없다 | 自由 자유

해설 「ます형+조사+する」의 강조 패턴이 사용된 「あり+さえ+すれば」와 「~ばよいというものではない((그저)~ 하면 다 되는 것은 아니다)」의 관용 표현을 숙지하고 있는가를 묻는 문제이다.

---

38 程度の差はあるだろうが、長所や才能が一つも _____ _____ ★ _____ 。

1 なんて　　　　　2 ひと　　　　　3 ない　　　　　4 いない

정답 1 정도의 차는 있겠지만, 장점이나 재능이 하나도 없는 사람 따위 없다.

올바른 문장 程度の差はあるだろうが、長所や才能が一つもない人なんていない。

어휘 程度の差 정도의 차 | 長所 장점 | 才能 재능

해설 「なんて」는 명사와 형용사 뒤에 모두 위치 할 수 있다. 하지만, 「いない」는 기본적으로 무생물에는 사용되지 않는다는 것에 주의하면 순서를 정할 수 있다.

39 こんな時間に ＿＿＿＿ ＿＿＿＿ ★ ＿＿＿＿ もう間に合わないだろう。

　　1　急に　　　　　　　　　2　慌てた　　　　　　　3　ところで　　　　　　　4　なって

정답 　**2** 이런 시간에 갑자기 허둥댄들 이미 시간에 대지 못할 것이다.

올바른 문장 　こんな時間になって急に慌てたところでもう間に合わないだろう。

어휘 　急(きゅう)に 갑자기 | 間(ま)に合(あ)う 시간에 대다 | 慌(あわ)てる 당황하다, 허둥대다

해설 　「〜たところで (〜한들, 〜해 봤자)」의 표현을 숙지하고 있는가에 대한 문제이다. 또한「〜た＋명사」의 패턴으로, 「慌てた＋ところで」를 조합할 수 있다.

---

40 日本語スピーチコンテストで優勝した張さんの発表は、正確な発音は ＿＿＿＿ ★ ＿＿＿＿ ＿＿＿＿ 高く評価されたという。

　　1　すばらしい　　　　　　2　もとより　　　　　　3　内容が　　　　　　　4　人の心を打つ

정답 　**4** 일본어 스피치 콘테스트에서 우승한 장상의 발표는 정확한 발음은 물론이거니와 사람의 마음을 감동시키는 훌륭한 내용이 높게 평가받았다고 한다.

올바른 문장 　日本語スピーチコンテストで優勝した張さんの発表は、正確な発音はもとより人の心を打つすばらしい内容が高く評価されたという。

어휘 　優勝(ゆうしょう) 우승 | 発表(はっぴょう) 발표 | 正確(せいかく) 정확함 | 発音(はつおん) 발음 | 評価(ひょうか)する 평가하다

해설 　「〜はもとより (〜은 물론이거니와)」의 조합과, '동사 ＋명사' 패턴을 주의 깊게 보면 「人の心を打つ〜内容」를 만들 수 있다.

문제 7 다음 문장의 (　　　　) 안에 들어갈 것으로 가장 적당한 것을 1·2·3·4에서 하나 고르세요.

　　多くは編集者に、「いいものができたら持ってきてください」といわれて、できたところで持っていく。 **41** 「持ち込み原稿」をするのですが、それが必ずしも掲載される **42** 。ほとんどは、「それでは読んでみます」といわれ、そのまま待っていても返事がないので、不安になってこちらから問い合わせると、「まだ、すぐには載せられません」とか、「ここと、ここを直して欲しい」といわれ、ときには **43** もあります。この、せっかくの原稿を返されたときはショックが大きく、(注1)暗澹たる気持ちになります。

　　もちろん、わたしも同じような経験がありますが、そういうとき、「あの編集者は、少しも小説がわかっていない」「俺の才能を見抜けないとは、なんたるやつだ」などと、勝手なことを **44** 、新宿の安バーなどでひたすら酒を飲み続けます。

実際、半月か1か月か、心血注いで書いた原稿がそのまま返されるのですから　45　、悔しくて、やるせなくていられないのです。そうして三日三晩くらい、ひたすら飲み続けて、そこから醒めて這い上がると、「よし、また書くぞ」と、新しい意欲が湧いてきます。

　　　　　　　　　　　　　　　　　　　　　　　　　　　　　　（渡辺純一『鈍感力』による）

（注1）暗澹たる気持ち：まったく希望が持てない気持ち

많은 편집자들에게, "좋은 것이 완성되면 가지고 오세요"라는 말을 들어, 완성된 것을 가지고 간다. 흔히 말하는 '원고 들고 가기(어휘 해설 참조)'를 합니다만, 그것이 꼭 게재되는 것이 아니다. 대부분은 "그럼 읽어보겠습니다."라는 말을 듣고, 그대로 기다리고 있어도 답신이 없으므로, 불안해져서 이쪽에서 문의해보면, "아직, 바로는 실을 수가 없네요."라든가, "여기와 여기를 고

첫으면 합니다."라는 말을 듣고, 때로는 그대로 반려되는 일도 있습니다. 이러한, 어렵사리 쓴 원고가 반려되었을 때는 쇼크가 커서 암담한 기분이 됩니다.

물론, 나도 같은 경험이 있습니다만, 그럴 때, "그 편집자는 전혀 소설을 이해하지 못해" "내 재능을 몰라보다니, 뭐하는 녀석이야" 등 내 멋대로 생각하면서 신주쿠의 싸구려 바에서 오로지 계속 술을 마시지요. 사실 반 달이나 한 달, 심혈을 기울여서 쓴 원고가 그대로 반려되는 것이기 때문에 그렇게라도 하지 않으면 분하고 울적해서 견딜 수가 없는 것이지요. 그렇게 한 3일 내내 오로지 술을 계속 마시고 거기에서 정신이 들어 기어오르면 "자, 다시 써야지!"라고 새로운 의욕이 솟아납니다.

어휘 編集者 편집자 | 持ち込み原稿 공모전 등을 통하지 않고 개별적으로 출판사를 찾아 가는 것 | 掲載 게재 | 返事 답신, 대답 | 不安 불안 | 問い合わせる 문의하다 | せっかくの 애써서 한, 모처럼의 | 暗澹たる 암담한 | 同じような 비슷한 | 才能 재능 | 見抜く 알아보다, 꿰뚫어보다 | 勝手だ 제멋대로이다 | 安バー 싸구려 바(bar) | 三日三晩 3일 밤낮, 3일 내내 | 醒める 깨다, 정신이 들다 | 這い上がる 기어오르다, 역경을 이겨내다 | 意欲 의욕 | 湧く 솟다, 생기다

---

41 1 いわく　　　　2 もちろん　　　　3 いわゆる　　　　4 あらゆる

정답 3

어휘 いわく 이르기를, 말하기를 | もちろん 물론 | あらゆる 온갖

해설 「いわゆる」는 '소위, 흔히 말하는'의 뜻으로, 앞에 나온 내용을 「持ち込み」로 설명하고 있으며, 문법적으로 앞에서 명사를 수식하는 기능을 가지고 있다.

---

42 1 とはかぎりません　　2 とはかぎれません　　3 ともいわれません　　4 ともいいません

정답 1

해설 「必ずしも〜とはかぎらない」는 '반드시(꼭) ~것은 아니다'는 부분 부정 패턴이다.

---

43 1 そのまま突っ返されること　　　　2 そこを除いて掲載してくれること
　　　3 そこだけを直して載せられること　　4 そのまま掲載してくれること

정답 1

해설 '그대로 반려되는 일도 있습니다.'의 의미가 와야 한다. 뒤에 오는 문장에 「返された(되돌려 받았다)」로 반려된 것을 알 수 있다. 「突っ返す」가 '그대로 되돌려 보내다'의 의미이므로, 수동형인 1번의 「突っ返される」가 답이 된다. 2, 3, 4번은 채택된 경우를 말하므로 답이 될 수 없다.

---

44 1 編集長に聞いてもらいながら　　　2 さんざん言い聞かされながら
　　　3 自分に言い聞かせながら　　　　　4 黙って聞いてあげながら

정답 3

해설 문장의 주어는 편집자가 될 수 없으므로, 자기 자신에게 스스로 타이르고 위로하는 표현인 3번이 답이 된다. 1번은 편집장이 이야기를 들어 주는 것이 되고, 2번과 4번은 편집장이 말하는 것이 되므로 답이 될 수 없다.

---

45 1 そうすることによって　　2 そうでもしなければ　　3 そうかとおもえば　　4 それだからこそ

정답 2

해설 「〜でもしなければ〜られないのです」는 '~라도 하지 않으면 ~할 수 없다'의 구조가 되는 표현이므로, 2번이 답이 된다.